NUMEROLOGIE

123456789
Virgo
10
5
28 25
20 February
Leo
10
5

NUMEROLOGIE

DAWNE KOVAN

Librero

Die Originalausgabe erschien 2018 unter dem Titel:
Secrets of Numerology

Produktion der deutschsprachigen Ausgabe:
Tanja Timmerman vertaling & redactie
Übersetzung: Inge Uffelmonn
Satz: Studio Spade

Printed in China

ISBN: 978-94-6359-095-2

Inhalt

3 4 5 6 7 8 9

Kombinationen

Unendlich viele Zahlenkombinati
stehen uns zur Verfügung.

ÜBER DIESES BUCH

Das vorliegende Buch möchte Sie Schritt für Schritt mit der komplexen Welt der Numerologie vertraut machen. Sie erfahren etwas über die Bedeutung hinter den Zahlen Eins bis Neun sowie über die Aussagekraft der Persönlichkeitszahlen und die notwendigen Berechnungen, um Ihre eigene Namenstabelle erstellen zu können. Das Kapitel über Weissagung informiert auf leicht verständliche Weise über die zahlreichen gängigen Verfahren, sodass Sie zunehmend mehr Vertrauen in Ihre nume-rologischen Fähigkeiten bekommen. Eine Fallstudie ermöglicht Ihnen den Ver-gleich mit den von Ihnen gewonnenen Erkenntnissen. Der abschließende Teil behandelt die Verbindung der Numerologie mit Astrologie und Tarot.

Wichtiger Hinweis

Der letzte Abschnitt dieses Buchs beschreibt die Verbindung zwischen Numerologie und Tarot. Die Karten verkörpern eine traditionsreiche Methode der Weissagung, die uns zum Verständnis der spirituellen Muster in unserem Leben verhilft. Wichtig ist der Respekt vor den Karten und ihren heiligen Bildnissen. Auf diese Weise ist eine sichere und lohnende Beziehung zum Tarot garantiert.

Die Geschichte der Numerologie

Pythagoras
Der griechische Mathematiker und Mystiker gilt als Begründer der westlichen Numerologie

Die Mathematik gelangte von Ägypten und Babylonien in den Westen. Die ältesten Belege für ein strukturiertes mathematisches System stammen aus diesen beiden Kulturen und reichen zurück in das 3. vorchristliche Jahrtausend.

Nachdem sich dieses System im 4. Jahrhundert v. Chr. bis nach Griechenland ausgebreitet hatte, entstand jene Mathematik, die von der modernen Numerologie als ihre Grundlage angesehen wird.

Die alten Ägypter und Babylonier nahmen nicht nur die rein physischen Realitäten ernst. Vielmehr waren Mathematik, Astronomie, Astrologie, Medizin und Magie gleichrangig und galten als eine Disziplin. Später wurden einige Aspekte von der herrschenden Elite als bloßer Aberglaube zurückgewiesen. Als esoterischer Unsinn abgespalten, gediehen Numerologie und Astrologie jedoch weiterhin.

Kodes, Wörter und Zahlen

Die frühen Völker etablierten Kodes, um zu vermeiden, dass die Unvorbereiteten mit sensiblen Daten in Kontakt kamen. So etwa berechneten die Babylonier Sonnen- und Mondfinsternisse und das Erscheinen von Kometen, doch diese Informationen wurden kodiert, um das gemeine Volk nicht zu verängstigen.

Das hebräische Alphabet diente der Übertragung weltlicher Informationen, zugleich aber auch als Kodiersystem. Jedem seiner 22 Buchstaben war eine Zahl zugeordnet, wodurch es den Eingeweihten möglich war, die in manchen Wörtern verborgene Bedeutung zu erkennen.

Auch die Numerologie ist ein solcher Kode, den bereits der altgriechische Mathematiker Pythagoras im 6. vorchristlichen Jahrhundert in Italien gelehrt hatte. Der einstige Schüler mehrerer esoterischer Schulen begründete einen eigenen Mysterienbund, um sein Wissen einer Hand voll von Auserwählten zu vermitteln.

Hiervon ausgehend, entwickelte der griechische Philosoph Plato seine eigene Gedankenwelt. Ihr Einfluss reicht bis in die moderne Psychologie und Philosophie – und auch in die Numerologie, deren Informationen den Menschen helfen sollen, sich selbst zu begreifen und ihre Verbindung zum Spirituellen wiederzufinden.

12 13

Geschichte **Die Geschichte der Numerologie**

Hintergrund

Die ersten Kapitel skizzieren die faszinierende historische Entwicklung der Numerologie.

Merkur
Der Planet des Intellekts und freien Denkens. Fünfer sind Schnellsprecher und clevere Geschäftsleute

FUNF – DER FREIGEIST Die Fünf wird vom Äther regiert, der jenseits der materiellen Existenzebene liegt. Verbunden ist sie mit den fünf Sinnen (Hören, Fühlen, Sehen, Schmecken, Riechen), fünf Organen (Gehirn, Herz, Leber, Lunge, Nieren) sowie den fünf Fingern der Hand und den fünf Zehen des Fußes. Mit Freiheit und dem Streben nach einer idealen Lebensweise verknüpft, wird die Fünf durch die biblische Geschichte von Moses veranschaulicht, der mit Gottes Hilfe die hebräischen Sklaven aus der ägyptischen Gefangenschaft befreite. Von dem neuen Staat, den die Hebräer anschließend gründeten, heißt es, dass er das Wort Gottes zum Fundament habe.

Die Fünf	
Prinzip	Aktiv, erfindungsreich, kreativ, aufgeschlossen, nach Wissen strebend. Lehrer, Schüler. Vielseitigkeit, Neugier, Lebhaftigkeit, Flexibilität, Geselligkeit, Anpassungsfähigkeit, Wandel. Freiheitsliebe in jeder Form – physisch, emotional, intellektuell und spirituell. Die Macht des Wissens
Ichfunktion	Der Drang, das Leben in all seiner Fülle zu erfahren. Das Bedürfnis, die Freiheitsrechte aller zu verteidigen
Modalität	Vorstellungskraft
Element	Äther, das außergewöhnlichste und am schwersten fassbare Element
Herrschender Planet	Merkur, der Herrscher über Handel und Gewerbe
Verwirklichung	Schriftsteller, Dichter, Visionäre, Abenteurer, Erfinder, Idealisten
Berühmtheiten	George Washington, der erste Präsident der USA; Charles Darwin, Biologe; John Cleese, Komiker; Madame Blavatsky, Theosophin; Angelina Jolie, Schauspielerin

Angelina Jolie
Oscar-prämierte Schauspielerin. Sie ist auch humanitär engagiert und wurde als Fürsprecherin für Flüchtlinge und für ihre Arbeit im Naturschutz ausgezeichnet

Madame Blavatsky
Viele Fünfer sind Visionäre, so auch die Begründerin der Theosophie – ein Glaubenssystem, das westliches und östliches religiöses Gedankengut vereinen will

Freiheit durch Bildung
Fünfer hören auch als Erwachsene niemals mit dem Lernen auf. Auch ihren Hang zur Neugier verlieren sie nicht

Universalzahlen Fünf · Der Freigeist

38 39

Zahlenanalyse

Sämtliche numerologischen Hauptzahlen werden ausführlich erläutert.

Praxisfälle

und leicht nachvollziehbare Schritt-für-Schritt-Beispiele verdeutlichen die Rechenmethoden.

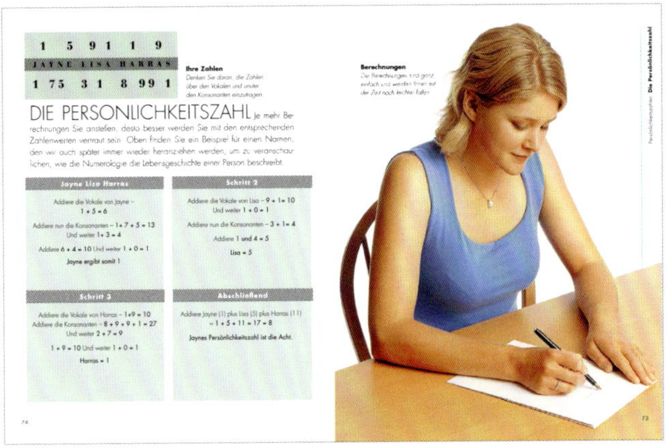
1 5 91 1 9
JAYNE LISA HARRAS
1 75 3 1 8 99 1

Ihre Zahlen
Denken Sie daran, die Zahlen über den Vokalen und unter den Konsonanten einzutragen

DIE PERSONLICHKEITSZAHL Je mehr Berechnungen Sie anstellen, desto besser werden Sie mit den entsprechenden Zahlenwerten vertraut sein. Oben finden Sie ein Beispiel für einen Namen, den wir auch später immer wieder heranziehen werden, um zu veranschaulichen, wie die Numerologie die Lebensgeschichte einer Person beschreibt.

Jayne Lisa Harras
Addiere die Vokale von Jayne – 1 + 5 = 6
Addiere nun die Konsonanten – 1 + 7 + 5 = 13
Und weiter 1 + 3 = 4
Addiere 6 + 4 = 10 Und weiter 1 + 0 = 1
Jayne ergibt somit 1

Schritt 2
Addiere die Vokale von Lisa – 9 + 1 = 10
Und weiter 1 + 0 = 1
Addiere nun die Konsonanten – 3 + 1 = 4
Addiere 1 und 4 = 5
Lisa = 5

Schritt 3
Addiere die Vokale von Harras – 1 + 9 = 10
Addiere die Konsonanten – 8 + 9 + 9 + 1 = 27
Und weiter 2 + 7 = 9
1 + 9 = 10 Und weiter 1 + 0 = 1
Harras = 1

Abschließend
Addiere Jayne (1) plus Lisa (5) plus Harras (11) = 1 + 5 + 11 = 17 = 8
Jaynes Persönlichkeitszahl ist die Acht.

Berechnungen
Die Berechnungen sind ganz einfach und werden Ihnen mit der Zeit noch leichter fallen

Persönlichkeitszahlen Die Persönlichkeitszahl

74 75

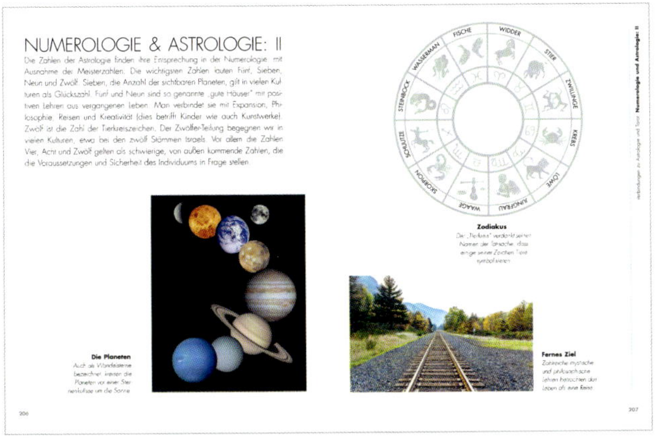
NUMEROLOGIE & ASTROLOGIE: II
Die Zahlen der Astrologie finden ihre Entsprechung in der Numerologie, mit Ausnahme der Meisterzahlen. Die wichtigsten Zahlen lauten Fünf, Sieben, Neun und Zwölf. Sieben, die Anzahl der sichtbaren Planeten, gilt in vielen Kulturen als Glückszahl. Fünf und Neun sind so genannte „gute Häuser" mit positiven Lehren aus vergangenen Leben. Man verbindet sie mit Expansion, Philosophie, Reisen und Kreativität (dies betrifft Kinder wie auch Kunstwerke). Zwölf ist die Zahl der Tierkreiszeichen. Der Zwölfer-Teilung begegnen wir in vielen Kulturen, etwa bei den zwölf Stämmen Israels. Vor allem die Zahlen Vier, Acht und Zwölf gelten als schwierige, von außen kommende Zahlen, die die Voraussetzungen und Sicherheit des Individuums in Frage stellen.

Zodiakus
Der „Tierkreis" verdankt seinen Namen der Tatsache, dass einige seiner Zeichen Tiere symbolisieren

Die Planeten
Auch als Wandelsterne bezeichnet, kreisen die Planeten vor einer Sternenkulisse um die Sonne

Fernes Ziel
Zahlreiche mystische und philosophische Lehren betrachten das Leben als eine Reise

Verbindungen zu Astrologie und Tarot Numerologie und Astrologie: II

206 207

Ausblick

Der abschließende Teil befasst sich mit den Beziehungen der Numerologie zu Astrologie und Tarot.

Einführung in die Numerologie

Galileo Galilei
Der Astronom und Mathematiker Galilei (1564–1642) erkannte den Wert der Zahlen.

Seit biblischer Zeit weiß man, dass Zahlen mit ihren besonderen Schwingungen einen nachhaltigen Einfluss auf unser Leben ausüben. Bereits die alten Griechen lehrten, dass Zahlen von zentraler Bedeutung für das Verstehen des Lebens sind. Ihrer Auffassung nach repräsentieren die Grundzahlen Eins bis Neun den gesamten Schöpfungsprozess, von der Entstehung des Universums aus dem Chaos bis zu den Rhythmen des individuellen Lebens.

Spätere Gelehrte gingen davon aus, dass die Zahlen mit der von den Planeten erzeugten Sphärenmusik harmonisch mitschwingen. In diesem Sinn ist die Numerologie eng mit der Astrologie verknüpft, die das menschliche Leben als Reflexion und Reaktion auf kosmische Schwingungen ansieht. Galilei sagte: „Das Buch der Natur ist in der Sprache der Mathematik verfasst." Die Sprache der Zahlen bietet mehr als nur verbale Kommunikation – nämlich die Fähigkeit, unser Leben ordnen und kontrollieren zu können.

Die Sprache der Zahlen

Sobald wir lernen, die Sprache der Zahlen auf unser Leben anzuwenden, wird uns die Zukunft vielleicht nicht mehr so zufällig erscheinen und wir können beginnen, uns selbst, unsere Möglichkeiten und Motive besser zu begreifen. Wenn wir die Verbindungen zwischen unserer Schicksals-, Persönlichkeits- und Seelenzahl verstehen, können wir besser zum Ausdruck bringen, wer wir wirklich sind. Nun beginnen wir, die Rhythmen und Muster in uns zu erkennen, die uns einzigartig machen.

Mit den gleichen Hilfsmitteln können wir auch Erkenntnisse über die Menschen erlangen, die unser Leben begleiten und darüber, warum und wie unsere Beziehung zu ihnen funktioniert oder nicht. Sogar Städte und Länder können zum Thema gemacht werden, etwa mit Blick auf die Wahl des idealen Urlaubsziels.

Das Aufregende an der Numerologie ist, dass sie zahlreiche neue Möglichkeiten eröffnet, indem sie uns in jene rhythmischen Prozesse einbezieht, die uns mit den universalen Zwecksetzungen und Bedeutungen verbinden.

Sphärenmusik

Die Griechen der Antike glaubten, dass jeder Planet des Sonnensystems als Widerhall der Ha monie des Universums einen speziellen Klang besitzt und daraus die Sphärenmusik entsteht.

GESCHICHTE

Da die Numerologie überall auf der Welt in heiligen Schriften erwähnt wird, darf man annehmen, dass sie für die Autoren der Antike von großer Bedeutung war. Das europäische Zahlensystem lässt sich bis nach Ägypten, Babylon, Griechenland und Rom zurückverfolgen. Zahlreiche mathematische Konzepte erhielten die Europäer von den Arabern, deren Kultur bereits erblühte, während Europa noch im finsteren Mittelalter lebte. Die antiken Kulturen, die das Studium der Mathematik begründeten, glaubten auch an die Weissagung – ein Hinweis darauf, dass sie eine Verbindung zwischen Gott (oder den spirituellen Sphären) und der Menschheit sahen, die wir heute nicht mehr voll erfassen. Das moderne Denken reduziert die Mathematik auf eine intellektuelle Beschäftigung, ohne dabei ihre Verbindung mit dem Göttlichen zu würdigen. Die Numerologie versucht jedoch, diese Bande neu zu knüpfen.

Die Geschichte der Numerologie

Pythagoras
Der griechische Mathematiker und Mystiker gilt als Begründer der westlichen Numerologie.

Die Mathematik gelangte von Ägypten und Babylonien in den Westen. Die ältesten Belege für ein strukturiertes mathematisches System stammen aus diesen beiden Kulturen und reichen zurück in das 3. vorchristliche Jahrtausend.

Nachdem sich dieses System im 4. Jahrhundert v. Chr. bis nach Griechenland ausgebreitet hatte, entstand jene Mathematik, die von der modernen Numerologie als ihre Grundlage angesehen wird.

Die alten Ägypter und Babylonier nahmen nicht nur die rein physischen Realitäten ernst. Vielmehr waren Mathematik, Astronomie, Astrologie, Medizin und Magie gleichrangig und galten als eine Disziplin. Später wurden einige Aspekte von der herrschenden Elite als bloßer Aberglaube zurückgewiesen. Als esoterischer Unsinn abgespalten, gediehen Numerologie und Astrologie jedoch weiterhin.

Kodes, Wörter und Zahlen

Die frühen Völker etablierten Kodes, um zu vermeiden, dass die Unvorbereiteten mit sensiblen Daten in Kontakt kamen. So etwa berechneten die Babylonier Sonnen- und Mondfinsternisse und das Erscheinen von Kometen, doch diese Informationen wurden kodiert, um das gemeine Volk nicht zu verängstigen.

Das hebräische Alphabet diente der Übertragung weltlicher Informationen, zugleich aber auch als Kodiersystem. Jedem seiner 22 Buchstaben war eine Zahl zugeordnet, wodurch es den Eingeweihten möglich war, die in manchen Wörtern verborgene Bedeutung zu erkennen.

Auch die Numerologie ist ein solcher Kode, den bereits der altgriechische Mathematiker Pythagoras im 6. vorchristlichen Jahrhundert in Italien gelehrt hatte. Der einstige Schüler mehrerer esoterischer Schulen begründete einen eigenen Mysterienbund, um sein Wissen einer Hand voll von Auserwählten zu vermitteln.

Hiervon ausgehend, entwickelte der griechische Philosoph Plato seine eigene Gedankenwelt. Ihr Einfluss reicht bis in die moderne Psychologie und Philosophie – und auch in die Numerologie, deren Informationen den Menschen helfen sollen, sich selbst zu begreifen und ihre Verbindung zum Spirituellen wiederzufinden.

George Washington
Er strebte nach Freiheit und Einheit für seine Nation, die Vereinigten Staaten. Diese Ideale sind typisch für eine Fünf wie Washington.

KODE Numerologie kann man als Kode auffassen, der Informationen über das Leben der Menschen enthält. Die in den Zahlen dieses Kodes eingeschlossenen platonischen Ideale nehmen in jeder Person, die ihre Schwingungen verkörpert, eine andere Form an. Wenn wir zum Beispiel historische Gestalten betrachten, erkennen wir, wie Zahlen als menschliche Erfahrung zum Ausdruck kommen. Berühmte Menschen, die ihre Persönlichkeitszahl in reinster Form verkörpern oder ausdrücken, sind ebenso selten wie gewöhnliche Menschen, die dies tun. Indem wir die verborgenen Bedeutungen der mit den Namenstabellen assoziierten Zahlen aufdecken, gelangen wir zu einem besseren Selbstverständnis und kön-nen jene göttlichen Bande, die im Laufe der Zeit verloren gingen, neu knüpfen.

J.K. Rowling
Als eine Nummer Vier nutzt J.K. Rowling ihre Gaben als Kommunikatorin, um ihre magische Botschaft an ihre riesige Fangemeinde weiterzugeben. Ihre Harry Potter-Geschichten basieren auf traditionellem esoterischem Wissen.

Mark Zuckerberg

Als echt visionäre Nummer Sieben verbreitete Mark Zuckerberg seine Social-Media-Technologie weltweit und ermöglichte Millionen von Menschen, sich auf der ganzen Welt zu vernetzen. Seine Reichweite ist atemberaubend.

Charles Darwin

Als Fünf unternahm der Biologe den Versuch, die Menschheit mit seiner Evolutionstheorie von überholten Vorstellungen zu befreien.

Brigitte Bardot

Die berühmte Schönheit und Aktrice verkörpert die Sinnlichkeit der Sechs. Zudem ist sie eine unermüdliche Tierschützerin.

Esoterische Lehrer

G. I. Gurdjieff
Gurdjieffs System der persönlichen Weiterentwicklung war seinen Schülern unter dem Namen Das Werk bekannt.

Der russische Mystiker und Lehrer Georgei Ivanovitch Gurdjieff (1877–1949) lebte als buddhistischer Mönch einige Jahre in Tibet. Von dort brachte er das alte Symbol des Enneagramms (ein Stern mit neun Spitzen) in den Westen und benutzte es als numerologisches Instrument, um den Menschen tief greifende Wahrheiten über sich selbst zu vermitteln.

Nach eigenem Bekunden ebenfalls von tibetischen Meistern beeinflusst, lehrte die britische Mystikerin Alice Bailey die so genannten sieben Strahlen. Sie glaubte, dass Sonne, Mond und die fünf Planeten Energiestrahlen aussenden und jedes Individuum auf einen bestimmten Strahl reagiert.

Zunächst im Rahmen der Theosophie gelehrt, wurde Baileys Theorie später von Roberto Assagioli, dem Begründer der Psychosynthese, weiterentwickelt. Er erfand ein System, um die Menschen anhand des momentanen Persönlichkeitsstrahls sowie des Lebensstrahls einzustufen. Dies ist eine simple Imitation der beiden Grundprinzipien der Numerologie – dass wir alle eine Lebensweg- und eine Persönlichkeitszahl besitzen, die unser Leben formt.

Altes und Modernes

Durch Gurdjieff und Bailey gelangten geheime Vorstellungen von Tibet aus in den Westen. Die Numerologie dürfte somit Bestandteil alter östlicher Philosophien und Mysterienschulen gewesen

sein. Gurdjieffs Enneagramm wird bis heute in der psychologischen Typologie verwendet.

Heute arbeiten Numerologen für private Klienten ebenso wie für Unternehmen. Viele Menschen wollen wissen, wer sie eigentlich sind und was das Leben für sie bereithält. Eine numerologische Analyse vermittelt ihnen bestimmte Einsichten und fördert das Verständnis ihrer zwischenmenschlichen Bedürfnisse.

Unternehmen stellen kaum andere Fragen. Die Numerologie vermag neue, bisher unbeachtete Möglichkeiten offen zu legen, wodurch sich der Horizont erweitert. Sie kann das Management auch bei der Rekrutierung geeigneter Mitarbeiter unterstützen. Einsichten in die Art und Weise, wie Menschen handeln und miteinander umgehen, sind für jeden Arbeitgeber unbezahlbar.

Das Enneagramm

Das Enneagramm („Neuner-Bild") dient zur Beschreibung der neun Modalitäten des menschlichen Verhaltens, die auch durch das Studium der Numerologie offenbart werden.

UNIVERSAL-ZAHLEN

Die Universalzahlen bestehen aus den Zahlen Eins bis Neun und den so genannten Meisterzahlen 11 und 22. Hierzu gehört auch die Null, denn sie beeinflusst einige mehrstellige Zahlen, die in den Monatstagen erscheinen. Alle mehrstelligen Zahlen kann man durch Bilden der Quersumme auf jede Zahl zwischen Eins und Neun reduzieren. Als Archetypen verkörpern die Universalzahlen den reinsten Ausdruck der Eigenschaften jeder einzelnen Zahl. Später werden wir uns ansehen, wie jede Universalzahl durch Berechnen der individuellen Schicksals-, Persönlichkeits- und Seelenzahl personalisiert wird. Jeder Mensch verfügt über eine Kombination aus diesen drei Zahlen. Zunächst jedoch müssen wir uns mit den Grundinstrumenten der Numerologie befassen, um zu verstehen, wie wir die durch jede Zahl idealisierte Energieschwingung zum Ausdruck bringen.

1 2 3 4 5 6 7 8 9
11
12

Die Theorie der Universalzahlen

C. G. Jung
Zahlreiche Begriffe, die Jung zur Beschreibung psychologischer Vorgänge verwendete, haben Einzug in die Alltagssprache gehalten.

Der Psychologe Carl Gustav Jung (1875–1961) definierte den Archetyp als reinen Ausdruck eines allen Kulturen gemeinsamen Ideals. Die Universalzahlen sind in diesem Sinne Archetypen oder Ideale, in dener jeder Mensch, unabhängig vom jeweiligen Glaubenssystem, Grundwahrheiten zu erkennen vermag. So etwa fließen die reinen Qualitäten der Eins wie ein klarer Strom, wenn sie sich in ihrer essenziellen Form ausdrückt. So sehr sich ihr Ausdruck durch die Lebenserfahrungen auch verändern mag, bleibt ihr Wesen dennoch konstant.

Wir müssen uns zuerst mit den Universalzahlen befassen, da sie verschiedene Eigenschaften enthalten, die im Leben einer einzelnen Person oft nie zum Ausdruck kommen.

Jeder von uns verfügt über eine Kombination dieser universellen Prinzipien, wie sie etwa durch die Schicksals- oder die Seelenzahl ausgedrückt werden, doch sie sind für uns nicht jederzeit zur Gänze verfügbar.

Im Alltag lernen wir von Kindesbeinen an, einen Teil unseres Selbst zu stärken und einen anderen Teil zu leugnen. Die Numerologie befähigt uns die vernachlässigten Elemente wiederzuentdecken. Zunächst gilt es jedoch herauszufinden, worin diese Qualitäten bestehen.

Persönliche Zahlen

Indem wir die unser Leben bestimmenden Zahlen nachhalten, können wir verstehen lernen, wie sie uns beeinflussen. Vielleicht wird eine Zahl in der Rechentabelle einer Person stark betont, der Sie als Kind nahe standen, während eine andere Zahl in der Tabelle einer Person hervortritt, mit der Sie momentan nicht gut auskommen. Berücksichtigen Sie jedoch, dass diese Zahlen nicht zeigen, wer Sie oder wer andere Menschen wirklich sind, sondern dass sie für verschiedene Ausdrucksformen der Persönlichkeit stehen.

Nachfolgend wird jede Universalzahl durch einige berühmte Menschen illustriert, deren Leben die besonderen Qualitäten ihrer Schwingungen veranschaulicht. Dies zeigt, wie mehrere Menschen die gleichen Ideale auf unterschiedliche Weise widerspiegeln. Möglicherweise verstehen Sie dadurch, dass die individuellen Grundmotive nicht immer leicht erkennbar sind.

Die Sonne
Mancherorts als Herr des Himmels bezeichnet, verkörpert die Sonne das zentrale Gestirn, um das die Planeten kreisen.

EINS – DER PIONIER

Als erste Zahl in der Zahlenfolge steht die Eins für alles Neue, Unerprobte und Frische. Sie ist die erste ungerade Zahl – und zudem maskulin und kontaktfreudig. Sie verkörpert die Bühne der menschlichen Entwicklung am Beginn unseres Lebens, wenn all unser Tun herausfordernd, aufregend und heldenhaft ist. Die Eins ist der Sonnenheros der Mythologie – der Sonnengott Apoll, der im goldenen Wagen über den Himmel zieht. Von Vogelzwitschern begrüßt, steigt er allmorgendlich im Triumph empor, um die Finsternis zu verbannen. Er misst den Tag, indem er die Sonne über das Firmament trägt, um sie im Westen untergehen zu lassen und die Unterwelt zu durchqueren, damit er am folgenden Morgen wiedergeboren werden kann.

Meine Name ist Bond
James Bond verkörpert die archetypische heroische Eins: mutig, konzentriert und stark. Sean Connery, der erste Bond-Darsteller, besitzt auch eine Schicksals-Eins.

John Lennon
Der kreative musikalische Pionier war auch aggressiv und energisch – wie alle Einser.

Charlie Chaplin
Mit dem „Tramp" stellte Chaplin seine Individualität zur Schau – ein Wesenszug der Einser.

Die Eins	
PRINZIP	Maskulin. Das positive und aktive Prinzip. Der Urgrund allen Lebens. Der Same. Initiation. Das Alpha. Die Eins kann durch sich selbst geteilt und mit sich selbst malgenommen werden und bewahrt dennoch ihre Individualität. In der Religion ist sie Gott, der Herr, der Eine über allen anderen, die Monade, Jahwe.
ICHFUNKTION	Individualität, Unabhängigkeit, Entschlossenheit, Stärke, Originalität, Auswahl und Entscheidung.
HÖCHSTE QUALITÄTEN	Individuation, Selbstheit und Durchsetzungsvermögen.
MODALITÄT	Aktion.
ELEMENT	Feuer.
HERRSCHENDER PLANET	Die Sonne.
VERWIRKLICHUNG	Sieger, Könige und Kaiser.
BERÜHMTHEITEN	Charlie Chaplin, der „witzigste Mensch der Welt"; Margaret Thatcher, die erste britische Premierministerin; John Lennon, Ex-Beatle; Sean Connery, ein überzeugender James Bond.

Die Eins

Einser

Als Macher lassen Einser niemanden in ihrer Umgebung unbeeindruckt.

Einser springen ins Leben und gehen direkt auf die Welt zu. Als Neuerer benötigen sie viel Raum, um ihre Einzigartigkeit kompromisslos zum Ausdruck zu bringen.

Sie sind naiv und tendieren zu kindlichem Überschwang, ohne auch nur einen Augenblick daran zu denken, dass der Rest der Welt die Dinge vielleicht anders sieht. Ihre spontane Frische ist betörend und womöglich auch unwiderstehlich.

Einser interessieren sich vor allem für den Anfang eines Projekts, doch bleiben sie nicht bei der Stange, weil sie sich langweilen würden, sobald die Hürden genommen sind. Dieses Verhaltensmerkmal ist akzeptabel, solange sich Assistenten um die Details kümmern – was meist der Fall ist, denn Einser sind gute Anführer und Firmenchefs.

Erfolg im Leben der Einser geht nicht auf Streben nach Geld oder Macht zurück, sondern auf ihr angeborenes Selbstvertrauen und die Fähigkeit, sich auf ihre Projekte konzentrieren zu können.

Ehrgeizige Einser sind Alphatypen mit Wagemut und Pioniergeist. Sie müssen stets ganz vorne stehen und sind bereit, sich der nächsten großen Herausforderung zu stellen. Einser reagieren sehr rasch und sind in ihren Denkprozessen häufig auch körperlich in Bewegung.

Kampfgeist, aktives Leben

Einser fackeln nicht lange; sie sind mutig und mächtig genug, um ihre Umgebung und andere Menschen zu erobern. Dies kann in jeder Konkurrenzsituation nützlich sein, nicht jedoch beim Mannschaftssport. Einser sind zu individualistisch, um sich gut einordnen zu können. Sie sind gute Trainer für die weniger Befähigten und zudem in der Lage, anderen ihre Ängste zu nehmen.

Einser sind weder sentimental noch rückwärts gewandt. Sie reißen lieber alle Brücken hinter sich ab, um neue Abenteuer zu suchen. Wach und kämpferisch genießen sie heiße Diskussionen und argumentieren bisweilen aus Spaß an der Freude. Der Spruch „Wenn du die Hitze nicht erträgst, dann geh aus der Küche" muss von einem Einser geprägt worden sein.

Das Individuum

Die Eins birgt die Grundlage aller Dinge. Daher empfinden Einser sich oft als etwas ganz Besonderes. Folglich geben sie gern an oder besitzen einen individuellen Modegeschmack.

Yin und Yang
Das chinesische Symbol für das perfekte natürliche Gleichgewicht zwischen maskulinen und femininen Eigenschaften.

ZWEI - DER PARTNER

DieZahl Zwei ist der Punkt in der Zahlenfolge, an dem wir unser Anderssein zu erkennen beginnen – jener Punkt, an dem sich das individuelle Ich von der Mutter trennt, sich jedoch weiterhin danach sehnt, mit ihr vereint zu sein. Nun beginnt die Suche nach der seelenverwandten Eins, die erneut zum Mittelpunkt des Lebens wird. Geradzahlig und feminin, sehnt sich die Zwei nach Erfüllung durch Beziehungen. Die Zwei ist die Heldin in der Mythologie, beispielhaft verkörpert durch Artemis, die Jägerin und Zwillingsschwester des Apoll. Mit einem sichelförmigen Bogen bewaffnet schützt sie Säuglinge und Jungtiere. Ihr Geschenk an die Menschheit ist das Licht des nächtlichen Himmels, der Mond. Den wechselhaften Monat messend, kontrolliert sie auch die Gezeiten.

Adele
Adele ist eine typische Zwei, die in der Lage ist, ihre eigenen Beziehungserfahrungen einzubringen. Sie singt mit großer Kraft über Liebe und Verlust und berührt damit die Herzen von Millionen Menschen.

Der Mond

Frühe Völker betrachteten den Mond als Symbol der Göttin und des göttlichen weiblichen Prinzips.

Jackie Kennedy Onassis

Diese berühmte Zwei war mit zwei einflussreichen Männern verheiratet.

Die Zwei

PRINZIP	Feminin, Dualität, Fluktuation. Zwei bedeutet Empfänglichkeit, Passivität, die Anziehung und Vereinigung von Gegensätzen, die mystische Hochzeit, Yin und Yang, Drang nach Einheit durch das Wissen um Getrenntheit, Kontrast und Versöhnung. Einbildungskraft, Reflexion und Intuition.
ICHFUNKTION	Kooperation, Beziehung, Balance, feines Gespür, Gerechtigkeitssinn.
HÖCHSTE QUALITÄTEN	Liebevolle Weisheit, bedingungslose Liebe, Fruchtbarkeit.
MODALITÄT	Reaktion.
ELEMENT	Wasser.
HERRSCHENDER PLANET	Der Mond.
VERWIRKLICHUNG	Mannschaftssportler, (Ehe-)Partner.
BERÜHMTHEITEN	Jacqueline Kennedy Onassis, die Ehefrau zweier mächtiger Männer (ein US-Präsident und ein griechischer Großreeder); Adele, Sängerin.

Die Zwei

Innere Harmonie

Die Zwei steht für Balance und inneren Frieden. Yoga ist eine von mehreren traditionsreichen Methoden, dies zu erreichen.

Zweier nähern sich der Welt mit ihren Gefühlen. Mitfühlend und einfallsreich, vereinen sie Intellekt und Intuition. Ihr Hauptinteresse bezieht sich auf zwischenmenschliche Beziehungen, durch die sie sich auch definieren. Ihr Glaube an das Leben basiert auf Liebe.

Zweier sind empfänglich nicht nur für die in ihrer nächsten Umgebung bestehenden Bedürfnisse. Daher interessieren sie sich nicht selten für Umweltschutz und soziale Probleme. Schwache und Hilflose sind bei ihnen gut aufgehoben. Aufgrund ihrer Friedensliebe werden sie stets versuchen, im Umgang mit anderen einen gewissen Gleichmut zu zeigen.

Zweier sind Mannschaftssportler. Sie besitzen eine fast übersinnliche Fähigkeit die Entwicklung eines Spiels vorher zusehen. Teamgeist ist für sie als wichtiger als Siegen.

Ihre prophetische Gabe funktioniert auch im Beruf und bei finanziellen Dingen. Zweier scheuen keine harte Arbeit, schreiten entschlossen zur Tat und verlieren dabei in keinem Moment die Bedürfnisse ihrer Gruppe aus den Augen.

Hilfsbereit und offe n

Viele Zweier genießen die Position als rechte Hand eines mächtigeren Vorgesetzten. Ihre Beobachtungsgabe befähigt sie zu fundierten Analysen, sodass sie häufig Dinge erkennen, die ihrem ambitionierten Chef vielleicht entgangen sind. Zweier sind geborene Diplomaten und vermögen stets die

Wogen zu glätten, sei es im Umgang mit ihren zankenden Kindern oder den Vorstandsmitgliedern eines Großkonzerns.

Ihre Empfänglichkeit für die Gefühle und Bedürfnisse anderer kann dazu führen, dass es ihnen schwer fällt, Entscheidungen zu treffen, da sie niemanden verletzen oder bevorzugen wollen – zum Beispiel wenn es darum geht zu entscheiden, von welchem Mitarbeiter sich ein in Finanznot geratenes Unternehmen trennen muss.

Zweier haben kein Problem mit Ehe und Partnerschaft, wohl aber mit dem Alleinsein und Beschreiten eigener Wege. Daher ist Meditation ihrer Gesundheit überaus förderlich. Zweier sind auf Balance und Harmonie angewiesen, um emotionale Stabilität und Kraft entwickeln zu können.

Balanceakt

Zweier finden Gefallen daran, das Für und Wider abzuwägen, doch sie haben Probleme mit der Entscheidungsfindung – vielleicht weil sie ungern auf ihren Verstand hören.

Märchen
Die Zahl Drei erscheint in zahlreichen bekannten Märchen.

DREI – DER KOMMUNIKATOR

Die Drei ist das Resultat der Vereinigung zwischen dem Positiven und Negativen der Eins und Zwei. Sie ist jene Zahl, die den aus dieser spannungsvollen Dualität hervorgehenden kreativen Drang verkörpert. Als maskuline, ungerade Zahl bedeutet sie Kontaktfreude. Viele Märchen arbeiten mit der. Drei – ein Zauberspruch, der dreimal wiederholt werden muss, eine dreimal zu stellende Frage oder eine dreimal geläutete Glocke. In der Mythologie wird die Drei häufig durch eine dreiköpfige Gottheit repräsentiert. Dreier vereinen die Kraft der Schöpfung, Fortführung und Zerstörung, verbunden mit den saisonalen Veränderungen, die die Erde alljährlich erfährt, wenn sie die Sonne umrundet. Drei ist auch die Dreiheit von Sonne, Mond und Erde und ein häufiges Symbol der religiösen Bilderwelt, etwa in Form der heiligen ägyptischen Götter Osiris, Isis und Horus.

Ed Sheeran
Ed Sheeran verkörpert den leichten und luftigen Charakter einer Nummer Drei – er begann seine Liedermacherkarriere schon als Teenager. Ed ist einer der Sänger mit den meisten Downloads aller Zeiten.

Chelsea Clinton

Chelsea ist die Tochter des früheren Präsidenten der USA und arbeitete als Nummer Drei als TV-Journalistin. Heute ist sie Vorsitzende der von ihren Eltern gegründeten Stiftung „The Clinton Foundation".

Konfuzius

Der Begründer der chinesischen Philosophie sprach vom Mittleren Pfad oder Dritten Weg, was den dranghaften Wesenszug der Dreier zeigt, ihre eigenen Ideen zu entwickeln.

Die Drei

PRINZIP	Das göttliche Kind. Die Schöpfung aus der Vereinigung der Eins und der Zwei, Mutter und Vater. Die Heilige Dreifaltigkeit. Eintritt ins Leben. Aufgeschlossenheit, Optimismus und Enthusiasmus. Freude. Aktive Intelligenz. Utopisch, idealistisch, hoffnungsvoll, positiv und optimistisch. Fülle. Kreativität.
ICHFUNKTION	Drang zur Kommunikation, Verwirklichung durch mentale Prozesse.
MODALITÄT	Sprechen.
ELEMENT	Luft.
HERRSCHENDER PLANET	Jupiter.
VERWIRKLICHUNG	Kommunikatoren, Dozenten, Geistliche, Tänzer und Komiker.
BERÜHMTHEITEN	Konfuzius, chinesischer Philosoph; John Travolta, Schauspieler; Ed Sheeran, Liedermacher; Chelsea Clinton, Aktivistin.

Die Drei

Vielseitig und wachsam
Dreier laufen zur Hochform auf, wenn es gilt, Körper und Geist zu vereinen.

Dreier nähern sich den Dingen auf mentaler Ebene. Sie sind gute Berater, da sie soliden Hausverstand und begründete Führerschaft auf überzeugende Art in sich vereinen. Ihre positive, humorvolle Lebenseinstellung bedeutet, dass sie stets Geschichten und Witze parat haben, die uns helfen, die Welt uns herum besser zu verstehen.

Dreier haben sehr breit gestreute Interessen und finden alles faszinierend. Sie sind begabte vor allem für die ganz Jungen, da sie in der Lage sind, Interesse und Fantasie anzuregen. Als ewige Kinder haben sie sich die seltene Fähigkeit bewahrt, sich über etwas wundern zu können.

Ihr Drang zur Kommunikation motiviert viele Dreier zu einer Karriere in Bereichen wie Journalismus oder Informationstechnologie. Auch sind sie in der Regel gute Mathematiker und Musiker, wenngleich sie vielleicht lieber als Komponisten arbeiten denn als Interpreten.

Logisch und strukturiert denkend, lieben sie Experimente und praktische Lösungen. Längeres Stillsitzen liegt ihner nicht; sie müssen ständig in Bewegung und am besten mit etwas Nützlichem beschäftigt sein.

Gewaltiger Lebenshunger

Dreier sind optimistisch, humorvoll, großzügig, gesellig und freundlich. Für sie hält jeder Tag neue Möglichkeiten bereit. Zahlreiche Dreier tummeln sich als Tänzer, Parodisten und Schauspieler in der Unterhaltungsindustrie. Dreier sind, wie alle ungeraden Zahlen, kontaktfreudig und extrovertiert. Ihr lebhafter Überschwang ist für die Mitmenschen nicht immer leicht zu verkraften.

Dreier motivieren sich ohne Probleme selbst. Unterordnung liegt ihnen weniger. Am liebsten entwickeln sie eigene Ideen und sind häufig wertvolle – wenn auch recht eigenbrötlerische – Mitarbeiter.

Dreier besitzen interessante, unkonventionelle Glaubensvorstellungen. Sie treten ungehemmt an allen Orten und zu allen Gelegenheiten auf, um eine sehr individuelle Metaphysik zu konstruieren. Auch wenn sie innerhalb einer etablierten Religion tätig sind, tragen sie mit ihrer Rednergabe und Inspiration doch dazu bei, dass sich ihren Zuhörern im Geist wie im Herzen bisher unerforschte Aspekte der traditionellen Lehre erschließen.

Dreifaltigkeitszahl

Mit ihrem ausgeprägten Sinn für Humor sind Dreier manchmal oberflächlich und frivol, wenngleich sie sich auch für Themen wie Philosophie, Mystik und Religion interessieren.

Die Erde

Als Ikone des New Age steht unser Heimatplanet für alles Stabile und auf ewig Verlässliche.

VIER – DER ERBAUER

Die Vier steht für materielle Abgrenzung. Ohne die Vier würden sich zahlreiche Gedanken in Luft auflösen und die Realität, wie wir sie wahrnehmen, würde nicht existieren. Vier ist die Zahl der Dichte, Substanz und Bedächtigkeit. Verkörpert wird sie durch die Geschichte von Noah, den Gott anwies, eine Arche zu bauen, um die paar rechtschaffenen Menschen und die unschuldigen Kreaturen vor der Sintflut zu retten, die er herabsandte, um die Welt von den Sündern reinzuwaschen. Die von Noah Geretteten machten sich daran, die Erde wieder aufzufüllen, damit sie ihre einstige Schönheit und Fruchtbarkeit zurückerlangte.

Die Vier	
Prinzip	Die materielle Welt. Realität. Das Solide. Quadrat und Würfel. Struktur. Ideen gestalten. Künstlerische Umsetzung. Staatskunst. Pragmatismus. Stoizismus. Organisation. Vertrauenswürdigkeit und Verlässlichkeit. Logisches Denken. Wissenschaften. Die vier menschlichen Funktionen – physisch, emotional, mental und spirituell. Die vier Himmelsrichtungen – Nord, Süd, West und Ost.
Ichfunktion	Selbstbeherrschung und Absonderung. Erkennen der Einzigartigkeit.
Modalität	Trägheit.
Element	Erde.
Herrschender Planet	Die Erde.
Verwirklichung	Wissenschaftler, Bildhauer, Bauern, Gärtner, Techniker, Bauunternehmer.
Berühmtheiten	Julius Caesar, römischer Kaiser; Bill Gates, Gründer von Microsoft.

Julius Caesar

Römischer Kaiser und Feldherr, der das Römische Reich ausdehnte und konsolidierte.

Die vier Himmelsrichtungen

Der Kompass verleiht Reisenden und Entdeckern Orientierung und Gewissheit.

Bill Gates

Als typische Vier setzte der geniale Gründer des Microsoft-Imperiums seine Ideen in die Tat um.

Die Vier

Traditionelle Werte
Etablierte und konventionelle soziale Gruppen verkörpern die stabile Energie der Vier.

Vierer nähern sich dem Leben mit Vorsicht und Bedacht. Sie investieren bereitwillig in Beziehungen, erwarten jedoch eine gute Rendite Finanziell vorsichtig, geben sie ihr Geld nicht unklug aus.

Die Philosophie der Vierer basiert auf Zweifel. Niemals nehmen sie etwas für bare Münze, sondern möchten am liebsten alle Möglichkeiten ausloten, bevor sie ein Urteil fällen. Sie sind keine Publikumslieblinge und gehen lieber allein. Die Unabhängigkeit ihrer Gedanken und Taten lässt sie bisweilen isoliert erscheinen, doch sie sind nur selten einsam. Sie bevorzugen ihre eigene Firma anstatt ihre Zeit unproduktiv mit anderer zu verschwenden.

Im Leben der Vierer geht es behäbig zu. Da sie perfekt über die Zeit herrschen, sind sie in der Lage, für die Zukunft zu planen und ihre Vorhaben zum optimalen Zeitpunkt umzusetzen.

Das Motto „Abwarten und Tee trinken" könnte man als ihren Leitspruch ansehen. Auf ein längeres Spiel gefasst werden sie die Leiter Sprosse für Sprosse erklimmen, bis sie ihr Ziel erreicht haben.

Leben auf der Kriechspur

Vierer setzen sich dafür ein, jene zu unterstützen, die auf sie zählen. Sie machen keine leichtfertigen Zusagen. In der Sozialpolitik können sie als Idealisten und Neuerer auftreten, da sie für die Menschen immer nur das Beste wollen.

Die Starrheit und Trägheit der Vierer kann jedoch verhindern, dass sie das abgelaufene Verfallsdatum einer Idee erkennen.

Vierer leben in der realen Welt und stehen fest auf dem Boden der Tatsachen. Sinnlich und praktisch veranlagt, gründen sie ihre Entscheidungen eher darauf, wie sich etwas anfühlt als auf intellektuelle Attraktivität. Pragmatisch und gut organisiert, bringen Vierer hohe Leistungen bei jeder solide fundierten Tätigkeit.

Verantwortung und Pflichtgefühl sind altmodische Werte, die von Vierern ernst genommen werden. Sie sind gute Anwälte und Soldaten und darauf vorbereitet, ihr Leben zu riskieren, um ihre Traditionen vor potenziellen Invasoren zu schützen. Die für sie ebenfalls sehr wichtige Elternschaft erfüllen sie weise und verantwortungsvoll.

Freundliche Vierer

Vierer sind gute und loyale Freunde, da sie darauf bedacht sind, viel Zeit und Energie in die Pflege dauerhafter Freundschaften zu investieren. Zudem sind sie kreativ und passioniert.

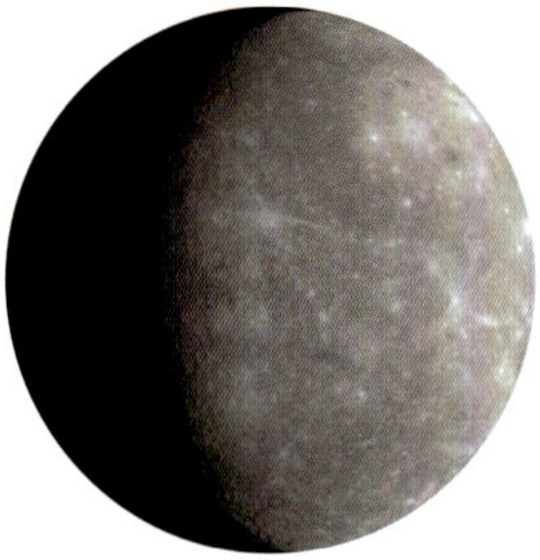

Merkur

Der Planet des Intellekts und freien Denkens. Fünfer sind Schnellsprecher und clevere Geschäftsleute.

FÜNF – DER FREIGEIST

Die Fünf wird vom Äther regiert, der jenseits der materiellen Existenzebene liegt. Verbunden ist sie mit den fünf Sinnen (Hören, Fühlen, Sehen, Schmecken, Riechen), fünf Organen (Gehirn, Herz, Leber, Lunge, Nieren) sowie den fünf Fingern der Hand und den fünf Zehen des Fußes. Mit Freiheit und dem Streben nach einer idealen Lebensweise verknüpft, wird die Fünf durch die biblische Geschichte von Moses veranschaulicht, der mit Gottes Hilfe die hebräischen Sklaven aus der ägyptischen Gefangenschaft befreite. Von dem neuen Staat, den die Hebräer anschließend gründeten, heißt es, dass er das Wort Gottes zum Fundament habe.

Die Fünf	
Prinzip	Aktiv, erfindungsreich, kreativ, aufgeschlossen, nach Wissen strebend. Lehrer, Schüler. Vielseitigkeit, Neugier, Lebhaftigkeit, Flexibilität, Geselligkeit, Anpassungsfähigkeit, Wandel. Freiheitsliebe in jeder Form – physisch, emotional, intellektuell und spirituell. Die Macht des Wissens.
Ichfunktion	Der Drang, das Leben in all seiner Fülle zu erfahren. Das Bedürfnis, die Freiheitsrechte aller zu verteidigen.
Modalität	Vorstellungskraft.
Element	Äther, das außergewöhnlichste und am schwersten fassbare Element.
Herrschender Planet	Merkur, der Herrscher über Handel und Gewerbe.
Verwirklichung	Schriftsteller, Dichter, Visionäre, Abenteurer, Erfinder, Idealisten.
Berühmtheiten	George Washington, der erste Präsident der USA; Charles Darwin, Biologe; John Cleese, Komiker; Madame Blavatsky, Theosophin; Angelina Jolie, Schauspielerin.

Angelina Jolie

Oscar-prämierte Schauspielerin. Sie ist auch humanitär engagiert und wurde als Fürsprecherin für Flüchtlinge und für ihre Arbeit im Naturschutz ausgezeichnet.

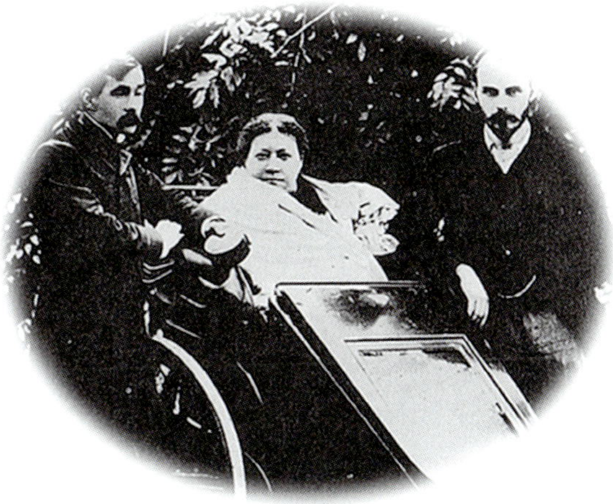

Madame Blavatsky

Viele Fünfer sind Visionäre, so auch die Begründerin der Theosophie – ein Glaubenssystem, das westliches und östliches religiöses Gedankengut vereinen will.

Freiheit durch Bildung

Fünfer hören auch als Erwach-sene niemals mit dem Lernen auf. Auch ihren Hang zur Neugier verlieren sie nicht.

Die Fünf

Liebe zum Lernen
An allem interessiert, können viele Fünfer auf eine Reihe von Diplomen verweisen, die ihren Wissensdurst bezeugen.

Fünfer sind vor allem Abenteurer und risikofreudige Spieler. Ihr angeborener Optimismus verleiht ihnen ein untrügliches Gespür für den richtigen Zeitpunkt, um ihren Einsatz zu machen Finanziell besitzen sie zwei Gesichter: sie können leichtfertig und unbedacht sein, aber auch sparsam und raffiniert. Fünfer stecken voller Gegensätze.

Diese Dualität kann bedeuten, dass Fünfer in der Mitte ihres Lebens eine ganz andere Karriere einschlagen und dort nicht minder erfolgreich sind. Dank dieser Gabe sind sie fähig, auf zahlreichen sozialen Ebenen zu kommunizieren und ihren Zuhörern dennoch glaubwürdig und authentisch zu erscheinen.

Fünfer sind die intellektuellen Rennpferde unter den Zahlen. Denken und Entscheiden gehen bei ihnen blitzschnell vonstatten. Das Problem ist nur, dass sie fünf Minuten später vielleicht den gegenteiligen Entschluss fällen. Fünfer lieben sofortiges Handeln und zeigen wenig Geduld, wenn sie auf den Bus warten müssen.

Wissen ist Macht

Fünfer schließen sich jeder neusten Mode an. Stets in Kontakt mit jungen Leuten und ihrer Kultur, besitzen sie eine Eignung als Jugendführer und -trainer, da sie von Natur aus fähig sind, an neuen Strömungen teilzuhaben.

Viele Fünfer sind Lehrer und Dozenten. Ihre großen Leidenschaften sind wahrscheinlich Themen wie Politik, Menschenrechte und Computer. Fünfer verfechten ein allgemeines Recht auf Bildung, da sie das Lernen als einen Schlüssel ansehen, der viele Türen öffnet. Nicht sonderlich an emotionalen Fragen und Werten interessiert, lassen sie sich von Ideen und intellektuellen Möglichkeiten inspirieren. Fünfer sind gern in Bewegung, wobei vor allem Kurzreisen und das temporeiche Stadtleben ihre Aufmerksamkeit fesseln. Besonders interessieren sie sich für das jeweilige Kulturangebot und für tagesaktuelle Probleme.

Fünfer tragen gleichsam das Wort „Freiheit" auf der Stirn und werden sich für ein allseitiges Recht auf Gedanken- und Handlungsfreiheit einsetzen. Nicht ohne Grund mag man hierbei an die Verfassung der USA denken, denn die Vereinigten Staaten haben einen Fünfer-Geburtstag. Ihr erster Präsident – der legendäre George Washington – war ebenfalls eine Fünf.

Gesundes Denken

Am wichtigsten für die Gesundheit einer Fünf sind Lernen, Lesen und Diskutieren. Fortwährend stimuliert, werden auch die „kleinen grauen Zellen" optimistisch und lebendig bleiben.

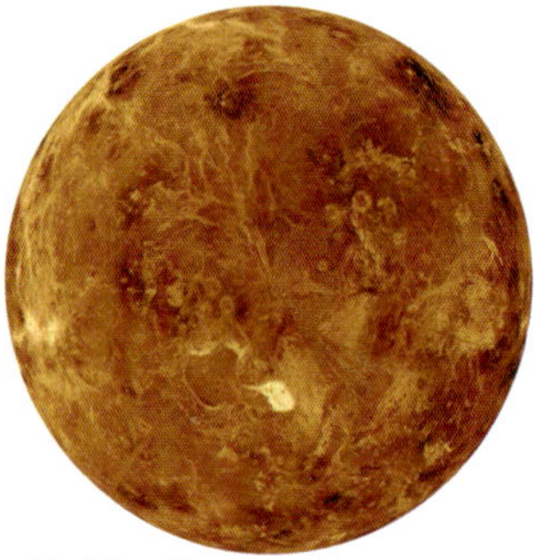

Venus

Der Planet von Liebe und Schönheit, Kunst und Dienstbarkeit.

SECHS – DER DIENER

Die Sechs ist jener Punkt in der Zahlenfolge, an dem das Individuum zu erkennen beginnt, dass die Bedürf-nisse anderer ebenso wichtig sind wie die eigenen. Sechs ist die Kombination aus einer geraden und einer ungeraden Zahl (2 x 3). Durch diese doppelte Schwingung der freundlichen Drei wird die Sechs zu einer sehr geselligen Zahl, zu der die übrigen Zahlen leicht in Beziehung treten können. Am besten veranschaulicht wird die Energie der Sechs durch den Mythos von der sechsten Arbeit des Herakles, dem Reinigen der Ställe, in denen König Augias seine ge-liebten Rinder hielt. Da man den Kot für die im Land grassierenden Krankheiten verantwortlich machte, mussten die Ställe unbedingt gereinigt werden. Herakles leitete einen nahe gelegenen Fluss durch die Ställe. Dessen Wasser befreite die gesamte Region von Krankheitskeimen – und Frieden und Gesundheit hielten Einzug.

Davidstern

Das eine Dreieck weist gen Himmel, das andere zur Erde –ein Symbol für die Einheit der höchsten und der grund-legenden Ideale.

Künstler

Der Maler verkörpert die Sechs, indem er sich seiner Kunstfertigkeit bedient, um Wahrnehmungen auszudrücken

David Attenborough

Die Fernsehsendungen von David Attenborough fördern die Pflege von Wildtieren weltweit. Er setzt sich im typischen Stil einer Sechs für unseren Planeten ein, indem er das Bewusstsein für die Umwelt weckt und aufzeigt, was für das Überleben der Erde notwendig ist.

Tänzer

Viele Sechser setzen ihren durchtrainierten und verschönerten Körper ein.

Die Sechs

PRINZIP	Die Anzahl der aktiven Schöpfungstage. Der Stern mit sechs Spitzen als Symbol für die Einheit von Mensch und Gott. Kreativität. Kunst. Lebensrhythmen.
ICHFUNKTION	Die Entwicklung der Selbstlosigkeit.
MODALITÄT	Sinnlich und erotisch, diplomatisch.
ELEMENT	Erde.
HERRSCHENDER PLANET	Venus, der Planet von Schönheit, Liebe, Frieden, Kunst und Dienstbarkeit.
VERWIRKLICHUNG	Künstler, Anwälte, Diplomaten, Heiler.
BERÜHMTHEITEN	Brigitte Bardot, Schauspielerin; David Attenborough, Fernsehjournalist.

Die Sechs

Kunst
Die Sechs findet ihren Ausdruck durch Kunst und Schönheit, Farbe und Harmonie.

Sechser wollen anderen Menschen in irgendeiner Form dienen, sei es dem Einzelnen oder der Gemeinschaft. Alles Tun der generell idealistischen, warmherzigen und mitfühlenden Sechser entstammt ihrem Sinn für soziale Verantwortung und dem Streben nach einer vollkommenen Welt. Ihr Hang zum Perfektionismus geht auf das Wissen um die eigene und allgemeine Unvollkommenheit zurück.

Gesundheitsfragen liegen ihnen sehr am Herzen. Sie erkennen, dass sie einen Körper besitzen müssen, der ihnen dient, damit sie ihr Bestes geben können. Daher interessieren sie sich für Diäten und Fitnessprogramme, aber auch für das Wohlbefinden ihrer Freunde, Nachbarn und Umwelt.

Viele Sechser arbeiten auf lokaler oder globaler Ebene für Frieden, Harmonie und Gerechtigkeit. Indem sie ihr Leben dem Kampf gegen die Ungerechtigkeit widmen, engagieren sie sich für die Benachteiligten. Da sie die Erde als Element haben, besitzen sie eine praktische Veranlagung und ein ausgeprägtes Verantwortungsgefühl.

Schönheit und Harmonie

Sechser sind empfänglich für Form und Schönheit, die sie überall in ihrer Umgebung erblicken. Da Kunst den praktischen Ausdruck eines ausgeprägten Sinns für Ästhetik darstellt, sind die bestrebt, prachtvolle Werke zu schaffen, wobei auch der Wunsch mitspielt, am kreativen Prozess teilzuhaben.

Zahlreiche Maler, Illustratoren und Architekten sind Sechser, ebenso Kunstkritiker und Kunsthistoriker. Viele Sechser sind im Malen und Zeichnen nicht minder talentiert wie im Bildhauern und Schreiben. Auch wenn sie keine großen Kunstwerke schaffen, schmücken sie ihre Wohnungen, Büros oder Gärten mit herrlich ausgewogenen Farben und schaffen dort eine friedvolle, harmonische Atmosphäre.

Sechser verwirklichen wunderbare Beziehungen. Nach Harmonie strebend, wünschen sie sich, dass jeder Streit ein friedliches Ende findet. Sechser benötigen einen anderen Menschen als Gegengewicht. Diesen Partner behandeln sie als ebenbürtig, da sie nicht in einer anderen Person aufgehen mögen. Ihr guter Geschmack und das sanfte Auftreten machen sie für andere attraktiv, sodass sie selten allein durchs Leben gehen.

Geben und Nehmen

Ihre angeborene Aufrichtigkeit bedeutet, dass Sechser in ihren Beziehungen gern reichlich Freiraum gewähren und beanspruchen. Außerdem arbeiten sie lange und hart, um ihren Idealen zu dienen.

Spiritualität

Die Kerzenflamme reflektiert Zustand der inneren Seele.

SIEBEN – DER TRÄUMER

Die Sieben ist die mystische Zahl aller Religionen. Sie steht für den Punkt in der menschlichen Entwicklung, an dem das Individuum erste Einsichten in eine weitere oder höhere Existenzebene als der rein persönlichen gewinnt. Dieses Aufleuchten der göttlichen Wirklichkeit bietet die Möglichkeit, Erfahrungen im neuen Licht zu interpretieren und eine erklärende Philosophie zu entwickeln. Am besten wird die Sieben von jener biblischen Geschichte widergespiegelt, die vom Traum Daniels berichtet, dass der Pharao sieben fette Jahre, gefolgt von sieben mageren Jahren, gesehen habe.

Die Sieben	
PRINZIP	Die sieben sichtbaren Planeten. Die sieben Tage der Woche. Der siebente Tag der Schöpfungsgeschichte, an dem Gott sich ausruhte. Die sieben Farben des Regenbogens. Die sieben Arme der Menora, dem heiligen Leuchter der jüdischen Liturgie. Die sieben Chakras (Energiepunkte) des menschlichen Körpers.
ICHFUNKTION	Interpretation der Realität, um dem Leben Bedeutung zu verleihen. Die Vermittlung zwischen dem individuellen Ich und dem Göttlichen.
MODALITÄT	Aktiv und abstrakt.
ELEMENT	Luft.
HERRSCHENDER PLANET	Neptun.
VERWIRKLICHUNG	Philosophen, Wissenschaftler, Pädagogen, Schriftsteller.
BERÜHMTHEITEN	Nostradamus, Astrologe und Seher; Isaac Newton, visionärer Naturwissenschaftler; Diana, Prinzessin von Wales.

Der Sterngucker
Der Astronom erblickt eine Wirklichkeit weit jenseits des gewöhnlichen Sehens.

Eine andere Realität
Ähnlich der Suche nach Gold am Ende des Regenbogens liegt das wahre Ziel der Siebener jenseits der physischen Welt.

Isaac Newton
Viele Siebener suchen nach Sinn des Lebens. So befasste sich auch der herausragende Physiker und Mathematiker Newton intensiv met theologischen Fragen.

Die Sieben

Der Philosoph
Die Sieben beschert der Welt tiefgründige Gedanken.

Siebener sind profunde Denker und besitzen tiefe Einsichten in die Natur des Menschen. Als idealistische Naturphilosophen sind sie gutherzig und romantisch. Da sie das Leben durch eine rosa Brille sehen, sind sie mitfühlend, sentimental und gelegentlich auch großmütig. Siebener sympathisieren mit leidenden Menschen und Tieren, weshalb viele von ihnen Sozialarbeiter, Tierschützer und Vegetarier sind. Nach Gerechtigkeit und Glück strebend, möchten sie eine gerechte Welt für alle.

Siebener sind keine Partygänger. Von Natur aus in sich gekehrt und autark, sind sie dennoch selten einsam. Trotz ihres Einzelgängertums besitzen sie auch überaus sensible und emotionale Züge. Viele Siebener sind anderen gegenüber ungemein aufgeschlossen und haben mitunter sogar übersinnliche Fähigkeiten.

Idealistisch und visionär, kämpfen die Siebener gegen soziales Unrecht. Ihre Waffe ist die Feder – oder der Computer, auf dem sie zahlreiche anspruchsvolle Schriften und Briefe verfassen. Sprachlich sehr kreativ, gelingt ihnen eine häufig bemerkenswert fantasievolle Poesie und Prosa mit komplexen Bildern und faszinierenden Schilderungen.

Neue Spiritualität für eine neue Ära

Siebener sind Mystiker und Metaphysiker. In ihrer Spiritualität sind sie auf das New Age abgestimmt.

Als Naturheilkundler bevorzugen Siebener einen ganzheitlichen Ansatz.

Viele sind auch hoch qualifizierte, intuitive Wissenschaftler.

Meditieren, Fasten und spirituelle Praktiken sind das Lebenselixir der Siebener. Sie lieben ihre Kerzen, Engelbilder und Räucherstäbchen. Ihr Gott, den ihrer Auffassung nach jeder auf seine Art verehren sollte, ist eher universal als persönlich. Siebener suchen mystische, emotionale Erfahrungen. Häufiges Thema ihrer Gedichte und Zeichnungen sind die visionären Zeiten, in denen wir leben.

Die häufig recht abstrakte Lebenshaltung der Siebener bedeutet, dass sie sich wenig um materielle Dinge kümmern. Sieben ist verknüpft mit Fernreisen und dem Wundern über die Geheimnisse des Universums. Diese Zahl vermittelt den Wunsch, das gewöhnliche Leben zu transzendieren.

Tugend und Sünde

Die moralischen Geschichten von den sieben Tugenden und den sieben Todsünden verband man einst mit den positiven und negativen Eigenschaften der sieben astrologischen Planeten.

Elizabeth Taylor
Die erfolgreiche Schauspielerin und engagierte Veranstalterin von Aids-Galas ist eine Acht. Viele Achter bringen die Menschen zusammen, um ein gemeinsames Ziel zu erreichen.

ACHT – DER FINANZIER

Acht ist die Zahl der Macht – der Macht, Dinge zu verwirklichen und sich auf höhere Mächte abzustimmen. Sie ist die Zahl der Organisation und des Rituals und zeugt von der Erkenntnis, dass Energie nicht ohne Strukturen organisiert werden kann. Die Acht steht beispielhaft für den Willen, Ideen in die Tat umzusetzen. Mit ihr verknüpft ist die Geschichte von König Midas, der die Götter um Reichtum anflehte. Sie verliehen ihm die Macht, dass sich alles, was er berührte, in Gold verwandelte. Als seine Lieblingstochter ihn umarmte, wurde auch sie zu Gold; so bat er die Götter, ihr Geschenk zurückzunehmen und sie wieder zu einem Menschen zu machen.

Die Acht	
PRINZIP	Acht ist die Zahl des Würfels. Die dreidimensionale materielle Welt mit der Zeit als vierter Dimension. Das Symbol der Ewigkeit. Die Doppelhelix des DNA-Kodes.
ICHFUNKTION	Die Fähigkeit, Wille und Macht zu organisieren.
MODALITÄT	Gleichmut und Dominanz.
ELEMENT	Wasser.
HERRSCHENDER PLANET	Saturn, der Planet der Zeit und des Karma.
VERWIRKLICHUNG	Geschäftsführer von Großunternehmen, Finanziers, Materialisten, Richter.
BERÜHMTHEITEN	Elizabeth Taylor, Schauspielerin und Ausrichterin von Benefizveranstaltungen; Barbra Streisand, Schauspielerin, Sängerin und Regisseurin.

Flüssigkeit

Wasser ist das herrschende Element der Acht.

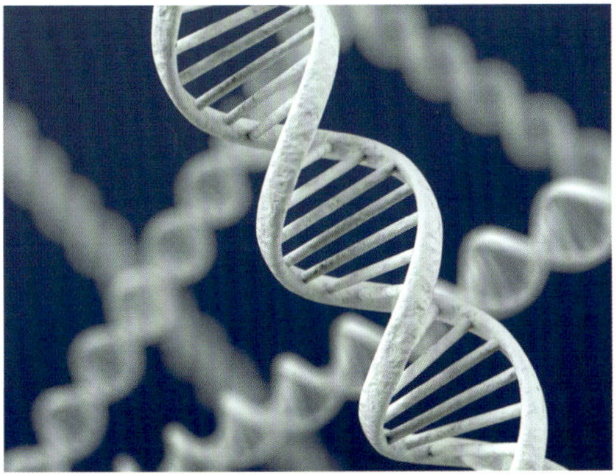

Doppelhelix

Diese Achterfigur ist seit frühester Zeit ein Symbol für die Heilkraft. Heute identi-fizieren wir sie mit der Mole-kularstruktur der DNA.

Urteilsvermögen

Achter sind gute Richter, da sie meist eine starke Per-sönlichkeit besitzen und die Macht haben, Dinge zu verwirklichen.

Die Acht

Der Gesetzgeber

Die Acht verkörpert die Fähigkeit, einschneidende Entscheidungen zu treffen und auch daran festzuhalten.

Achter sind introvertiert, reserviert, geduldig, ernst und selbstsicher. Erfolg, Ehrgeiz, Autorität und Führerschaft gehen für sie Hand in Hand. Anstelle von Innovationen bevorzugen sie Tradition und bewährte Verfahren. Sämtliche Optionen werden gründlich erwogen, bevor sie eine Entscheidung treffen.

Achter besitzen die Fähigkeit, eigene und fremde Ideen zum großen Nutzen aller Beteiligten zu verwirklichen. Ihr starker Verantwortungssinn sorgt dafür, dass sie ihr Tun als relativ unanfechtbar betrachten.

Achter sind überaus loyal und halten ihre Versprechen. Ihr starkes Ehrgefühl ist bindend und bleibt ihnen lebenslang erhalten.

Achter sind gewillt, sämtliche Hindernisse zu überwinden, um ihre Ziele zu erreichen; sie sind darauf vorbereitet, Stunden und Tage für die Erledigung einer Aufgabe aufzuwenden.

Viele Achter haben sich in ihrem Unternehmen emporgearbeitet, wobei sie das Erklimmen der Karriereleiter als eine simple, wenngleich langwierige Angelegenheit betrachten. Im Bildungssektor sind Achter meist Abteilungsleiter oder stehen sogar der gesamten Einrichtung vor.

Persönliche Macht und Öffentlichkeit

Achter führen die sozialen Missstände auf einen Mangel an finanzieller Stabilität zurück. In den internationalen Finanzzentren wimmelt es von Achtern.

Aufgrund ihrer Talente arbeiten viele Achter in öffentlichen Bereichen wie beispielsweise Politik, Massenmedien und Kommunikation.

Achter gewinnen ein hohes Maß an Sicherheit durch die Rituale und Dogmen traditioneller Glaubenssysteme. Die höheren Ämter in den diversen religiösen Einrichtungen sind ihre natürliche Heimat. Auch gute Ordensvorsteher finden sich unter ihnen.

Empirisch denkend, vertrauen Achter nur solchen Informationen, die sie persönlich nachprüfen können. Sie überlassen kaum etwas dem Zufall und sind stets sehr bedächtig. Im Spiel wie im Leben müssen sie gewinnen. Sie laufen zur Hochform auf, wenn sie ihren starken Willen einsetzen können, um Menschen mit Blick auf ein gemeinsames Anliegen zusammenzubringen.

König Knut

Der König glaubte, er sei mächtiger als die Gezeiten. Voller Bestürzung musste er erleben, wie das Meer sich weigerte, auf sein Geheiß innezuhalten und ihn mitsamt seinem Gefolge zu ertränken drohte.

9

NEUN – DER FRIEDENSSTIFTER

Die Neun markiert das Ende eines Fortschrittzyklus. Wenn der Kreis kurz danach zur Spirale wird, beginnt alles von neuem mit der Eins. Neun ist eine energische, rastlose Zahl, die um bevorstehende Veränderungen weiß. Sie ist der Antrieb, etwas für andere zu leisten, den Willen zum allseitigen Wohl einzusetzen und bedingungslos zu kämpfen. Für die Neun zählt allein die Teilnahme; Sieg oder Niederlage kümmern sie nicht. Zur Energie der Neun passt am besten der Mythos von Chiron, dem Kentaur, der die jungen Götter und Heroen in der Musik, Jagdkunst, Heilkunde und Astrologie unterwies. Versehentlich durch seinen Schüler Herakles verwundet, konnte er nicht sterben, da er unsterblich war. Er bot an, die Stelle des Prometheus einzunehmen – eines Sterblichen, der unter der Strafe des Zeus stand. So durfte Prometheus auf die Erde zurückkehren und Chiron endete am Himmel als das Sternbild Centaurus.

Judy Garland

Neuner wie Judy Garland sind gute Darsteller, vor allem im Film.

Flamme

Die Neun besitzt das Feuer als herrschendes Element.

Che Guevara

Der Revolutionär verkörpert den passionierten Idealismus der Neuner.

Die Neun	
PRINZIP	Die Neun ist jene Zahl, die alle übrigen Zahlen enthält. Zu jeder anderen Zahl als der Neun addiert, verliert sie sich an diese Zahl. Neun ist die Zahl von Abschluss und Vollendung. Die letzte Drehung des Glücksrades, bevor es einen neuen Zyklus beginnt. Die neun Monate der Schwangerschaft. Die neun Musen. Die höchste einstellige und somit die am höchsten entwickelte Zahl.
ICHFUNKTION	Zurückhaltung, Selbstverleugnung, Selbstlosigkeit.
MODALITÄT	Aktion.
ELEMENT	Feuer.
HERRSCHENDER PLANET	Mars, der Kriegsgott.
VERWIRKLICHUNG	Reformer, Humanisten, Freiheitskämpfer, Idealisten, Chirurgen, Psychiater.
BERÜHMTHEITEN	Judy Garland, Sängerin und Entertainerin; Richard Branson, Unternehmer; Che Guevara, Revolutionär.

Die Neun

Der Krieger
Er ist darauf vorbereitet, sein Leben für seine Ideale zu opfern.

Neuner sind selbstlos, gehen großzügig mit Zeit, Energie und Ressourcen um und sind oft in wohltätigen Organisationen aktiv. Aufgrund ihrer angeborenen Fähigkeit, ihr Ego hinen anzustellen, sind sie auch gute Schauspieler, vor allem auf der Leinwand.

Jeder neuen Rolle nähern sie sich mit dem Wissen, dass ihnen das Leben damit eine neue willkommene Lektion erteilt. Neuner sind ausgeglichen, integriert, gelassen und tolerant. Ihr Humor ist niemals grausam oder sarkastisch. Gern spötteln sie über das wichtigtuerische Auftreten öffentlicher Figuren. Wenn sie jedoch selber zum Ziel des Gespötts werden, nehmen sie dies übel. Liberal eingestellt, sind sie jedoch stets bereit, zu vergeben und zu vergessen.

Neuner reagieren bisweilen rastlos und ungeduldig auf Brutalität und Gemeinheiten. Sie sind darauf vorbereitet, sich geschickt und hingebungsvoll für die Rechte anderer einzusetzen. Als Generäle des Universums bevorzugen sie Intelligenz gegenüber schierer Kraft, wobei sie Druckmittel geschickt einzusetzen wissen.

Willkommener Wandel

Neuner sind praktisch veranlagt und realistisch bei der Verwirklichung ihrer Ideale. Zudem sind sie bereit, alte Strukturen abzureißen und neuen den Weg zu ebnen.

Sobald dies geschafft ist, befassen sich die Neuner jedoch nicht mehr mit dem weiteren Ausbau, da sie bereits die nächste große Idee im Visier haben.

Neuner erscheinen von Natur aus befreit von der Last der Sinne und menschlichen Wünsche. Nicht am täglichen Kleinkram interessiert, bevorzugen sie die luftige, exklusivere Atmosphäre der Begriffe und des Absoluten. Obwohl Neuner anderen gegenüber sehr geduldig erscheinen, sind sie gute Lehrer, vor allem für praxisorientierte Fächer wie Technik.

Im Bewusstsein, dass nichts so bleibt wie es ist, besitzen sie die einzigartige Fähigkeit, für alles gewappnet zu sein, was das Leben für sie bereithalten Da sie enthusiastisch und kreativ Vielfalt umgehen, vertreten sie die fassung, dass es kontraproduktiv ungesund wäre, wenn man sich Wandel entgegenstellen würde.

Mutterschaft

Die schwangere Frau trägt den heranreifenden Keim einer neuen Generation in sich. Zugunsten ihres Kindes stellt sie die eigenen Bedürfnisse in den Hintergrund.

Madonna
Als Elf schlüpfte der Megastar in eindrucksvolle neue Rollen, die von jungen Frauen auf der ganzen Welt nachgeahmt wurden.

ELF – DER VISIONÄR

Die Elf kann versehentlich zur Zwei reduziert werden; dies ist möglichst zu vermeiden. Die Elf ist eine ungerade Zahl, die nun zu einer geraden Zahl wird, was bedeutet, dass jemand – wie andere gerade Zah-len – passiv, attraktiv und introvertiert erscheinen mag, im Grunde aber die extrovertierte Energie der ungeraden Zahl besitzt, die kreativ und originell zum Ausdruck gelangen will. Als Zahl der Magie kann die Elf auf einen ausge-prägten sechsten Sinn hinweisen, entstanden durch die magische Vereinigung der vollkommen entgegengesetzten Elemente Wasser und Luft. Im universalen Bewusstsein wurzelnd, bringt die Elf Erleuchtung. Die Geschichten vom Zaube-rer Merlin, der König Artus diente, bergen zahlreiche Merkmale der Elf. Merlin war weise und hellseherisch begabt. Er half Artus, König zu werden und über sein Land zu herrschen. Merlin hatte eine Vision, dass das Land geeint und Frieden einkehren werde.

Traummannschaft
Bei vielen Mannschaftssportarten, so auch beim Fußball, besteht das Team aus elf Spielern.

Paul Simon

Seine nachdenklichen Songs handeln eher von allgemeinen denn von persönlichen Themen – typisch für die Anliegen der meisten Elfer.

Prinz William

Ursprünglich heldenhafter Hubschrauber-Rettungspilot, übernimmt er heute eher die Pflichten eines Mitglieds der Royals – auf seinem Weg, König zu werden.

Die Elf

Prinzip	Elf ist die erste mehrstellige Zahl, die man in der Numerologie benutzt. Sie wird als Meisterzahl bezeichnet und nur im Ausnahmefall verwendet. Intuition. Vorausschau. Prophetie. Übersinnlich. Wahrheit. Schönheit. Gleichgewicht von Positivem und Negativem. Universale Gerechtigkeit. Die elf Mitglieder einer Sportmannschaft.
Ichfunktion	Einblick in höhere Bewusstseinszustände.
Modalität	Über den Sinn des Lebens nachdenkend.
Element	Mischung aus Wasser und Luft.
Herrschender Planet	Uranus, der Illuminator.
Verwirklichung	Berater, Verkünder von Weisheiten, Medien, Astrologen.
Berühmtheiten	James Goldsmith, Großmagnat und Ökologe; Paul Simon, Liedermacher; Madonna, Sängerin und Schauspielerin; Prinz William, Thronerbe.

Die Elf

Balance
Elfer suchen Harmonie durch Erleben disharmonischer Situationen.

Viele Elfer sind als Therapeuten oder Lehrer tätig. Persönlich vor zahlreiche, hauptsächlich emotionale Herausforderungen gestellt, sind sie ideale Krisenhelfer. Bisweilen motivieren sie andere dazu, eine Entscheidung zu fällen und wirken als Katalysatoren, die vorhandene Einstellungen überhaupt erst bewusst machen.

Elfer streben nach sinnhaften Beziehungen und sind selbstlose Partner. Aufgrund ihrer angeborenen Fähigkeit, das Potenzial eines Menschen zu erkennen. Elfer tun stets gut daran, nur im Beruf so zu handeln, um ihren Partnern die Gelegenheit zu bieten, eigene Entscheidungen zu treffen.

Wer als Maler, Schriftsteller oder Regisseur eine Elf in seinem Leben hat, ist in der Lage, ungewöhnlich bedeutungsvolle Bilder zu schaffen, die eine Botschaft transportieren, ohne dass sie unbedingt eine mystische Thematik behandeln müssen. Kreative Elfer sind tief inspiriert und hinterlassen Kunstwerke, die auch die nachfolgenden Generationen fesseln und erfreuen.

Positiv und negativ

Als höhere Oktave der Zwei sucht auch die Elf nach Ausgleich, diesmal zwischen dem Gewöhnlichen und dem Außergewöhnlichem. Elfer sind in besonderem Maß empfänglich für alle über das rein Physische hinausgehenden Ebenen. Oft überaus intuitiv und sensibel, sind sie gute Naturheiler. Manche Elfer sind fähig, Gedanken zu kanalisieren und sie anderen zugäng-

Elfer sind in der Lage, sich über den Rest der Menschheit zu erheben und die Bedeutung auch der schlichtesten menschlichen Verrichtungen intuitiv zu erfassen. Sie begreifen den Sinn des Lebens, indem sie die Ereignisse auf abstrakter Ebene in ihrer Ganzheit wahrnehmen. Viele Elfer werden von ihrem höheren Selbst zu einer Berufstätigkeit im sozialen oder heilkundlichen Bereich geleitet.

Das Schlüsselwort für Elfer heißt Erleuchtung. Bereitwillig teilen sie das in ihnen strahlende Licht mit anderen, weshalb auffallend viele Elfer zur Avantgarde des psychologischen und spirituellen Denkens gehören. Da sie auf selten anzutreffende Weise Distanz und Interesse in sich vereinen, sind sie wie niemand sonst in der Lage, andere zu beraten und anzuleiten.

Erleuchtung

Elf ist die Zahl des Lichtbringers, der die Finsternis erhellt, damit die anderen sicher an Ignoranz und Vorurteil vorbeischreiten können.

Eckhart Tolle

Sein Buch „Jetzt! Die Kraft der Gegenwart" brachte ihm den Titel „berühmtester spiritueller Autor der USA" der New York Times ein. Er führt das Leben einer Nummer Zweiundzwanzig und vereint zahlreiche Ströme mystischen Denkens in seinem Werk.

ZWEIUNDZWANZIG – DER ARCHITEKT

Meisterzahlen sind selten und kommen allein bei außergewöhnlichen Menschen vor. Superman ist eine Zweiundzwanzig (so auch Christopher Reeve), Clark Kent ist jedoch eine Vier, die tiefere Oktave der Zweiundzwanzig. Als doppelte Energie der Elf vermittelt die Zweiundzwanzig eine extreme Triebkraft, zum Guten wie zum Bösen. Kreatives Feuer und dichte Erdkraft vereinen sich in der Manifestation großer Kathedralen und Pyramiden als den irdischen Spiegelbildern der Konstellationen. In Schöpfungsmythen veranschaulicht die Zweiundzwanzig, wie Himmel und Erde von den Göttern konzipiert wurden.

Oprah Winfrey

Als typische Zweiundzwanzig vermittelt die Talkmasterin Toleranz und innere Größe.

Die Zweiundzwanzig

Prinzip	Zweiundzwanzig ist die zweite Meisterzahl. Sie darf nie auf eine Vier reduziert werden, wenn sie bei einer Berechnung auftaucht. Traditionell wird sie als „Baumeister" bezeichnet. Die 22 Buchstaben des hebräischen Alphabets.
Ichfunktion	Mit Altruismus gepaartes und konkret gedachtes abstraktes Denken. Höheres Selbst, fokussiert durch den kreativen Geist.
Modalität	Überlegung und Rücksicht.
Element	Feuer und Erde.
Herrschender Planet	Pluto, der Wandler.
Verwirklichung	Architekten, Gründer großer Hilfsorganisationen, Universitätsdekane.
Berühmtheiten	Christopher Reeve, Schauspieler; James Lovelock, Autor von *Gaia* und *Ökobiologe*; Oprah Winfrey, Talkmasterin; Eckhart Tolle, Autor.

Pyramide von Chephren

Die Pyramiden sind ein zeitloses Zeugnis der Genialität altägyptischer Architekten.

Die Zweiundzwanzig

Feuer
Das mit Kreativität und Intuition verknüpfte Element.

Zweiundzwanziger stehen in Kontakt mit den am schwersten fasslichen Schwingungen. Viele von ihnen verbringen anscheinend jedoch einen Großteil ihres Lebens mit recht profanen Tätigkeiten und handeln wie eine Vier. In der Mitte ihres Lebens werden sie dann vielleicht empfänglicher für die Energie der Meisterzahl und beginnen zu reagieren.

Zweiundzwanziger besitzen das Talent, Fäden miteinander zu verweben, um die Wirklichkeit und Funktionsweise des Universums zu beschreiben. Sie mögen anderen, die ihnen oft nicht recht folgen können, exzentrisch erscheinen. Viele ihrer philosophischen und sozialen Ideen sind derart avantgardistisch, dass dafür noch keine Begriffe existieren.

Zweiundzwanziger sind Revolutionäre auf sanfte Weise. Anstatt andere mit ihren Gedanken zu überfahren, bemühen sie sich, Aufgeschlossenheit zu erreichen. Zweiundzwanziger begeistern sich für ihre Zukunftsentwürfe. Geschlecht und Rasse zählen nicht für die Vertreter des Gleichheitsgrundsatzes. Vielmehr demontieren sie jedes Kastensystem, dem sie begegnen.

Baumeister – Staatsoberhaupt

Zweiundzwanziger sind an wichtigen Entscheidungen beteiligt. Sie sind in der Lage, mit hohen Geldbeträgen umzugehen und sie nach Möglichkeit allgemeinen oder pädagogischen Zwecken zufließen zu lassen. Am Finanzmarkt nutzen sie ihr Gespür bisweilen, um bei Termingeschäften Gewinne zu machen. Zweiundzwanziger sind bereit, ihr

Leben dem Erreichen jener Ideale zu widmen, die für das Zeitalter des Wassermans grundlegend sind.

Zweiundzwanziger sind Architekten, die bei ihren Entwürfen für neue Gesellschaftssysteme oder Unternehmen kosmische Vision und Praxisbezug zu vereinen wissen. Als Staatsmänner sind sie fähig, sich bereits heute auf die künftigen Bedürfnisse der Menschen einzustimmen.

Zweiundzwanziger halten stets wachsam Ausschau nach Möglichkeiten, den Ist-Zustand zu hinterfragen und weiterzuentwickeln. Die neusten Ideen, bei denen die Grenzen von Physik, Psychologie und Ökologie zunehmend miteinander verschmelzen, spiegeln ihr Denken und kreatives Handeln wider. Es sei daran erinnert, dass man beiden Meisterzahlen nur sehr selten begegnet.

Die Pyramiden

Die Architekten des Alten Ägypten entwarfen diese prachtvollen Monumente als Spiegelbild des Himmels auf erden und um die Menschen an ihre Stellung innerhalb des universalen Gefüges zu erinnern.

Der Kreis
Symbol für Unversehrtheit und Integration.

NULL – DIE CHIFFRE

Die Null ist streng genommen keine Zahl. In der Nume-rologie findet sie keine Verwendung, da alle mehrstelligen Zahlen auf eine Ziffer von Eins bis Neun reduziert werden. Von der Null heißt es, dass sie das Potenzial aller Zahlen in sich trägt. Sie ist keine Zahl, die auf einen Persönlichkeitstyp oder ein Schicksal verweist. Vielmehr ist sie all dies und doch nichts davon – das Alpha und Omega, Anfang und Ende, alles und jedes. Man sagt, dass der Name Gottes durch die Null repräsentiert wird, da er zu mächtig ist, um durch eine andere Zahl begrenzt zu werden. Alles von Gott Geschaffene ist in der reinen, undifferen-zierten Form des Kreises enthalten. Der Kreis der Null symbolisiert den Geist, und zwei Nullen nebenei-nander bilden das Zeichen für Unendlichkeit. Außerdem ist der Kreis ein Symbol für Gesundheit und Ganzheit. Alles von ihm Umschlossene ist sicher, während alles außerhalb liegende im Chaos verbleibt.

Natur
Als vollständiges, sich selbst unterhaltendes System zeugt die Erde von der zyklischen Natur der Null.

Alpha und Omega
Der Anfang und das Ende.

Unendlichzeichen
Altes Symbol für die Ewigkeit.

Die Null	
PRINZIP	Die Null ist ein Behältnis, eine Schale oder ein Schmelztiegel. Sie geht mit Energien einher, die noch keine Gestalt angenommen haben. Zahlen, der sie beigefügt wird, versieht sie mit der Macht des Unbekannten.
ICHFUNKTION	Die Null steht für jene Eigenschaften, die das Ego befähigen, in das Unbekannte vorzudringen.
MODALITÄT	Still und ewig.
ELEMENT	Die Ursuppe, aus der alles Leben hervorgeht.
HERRSCHENDER PLANET	Neptun.
VERWIRKLICHUNG	Zur Null gibt es keine sozialen Entsprechungen.

Die Null

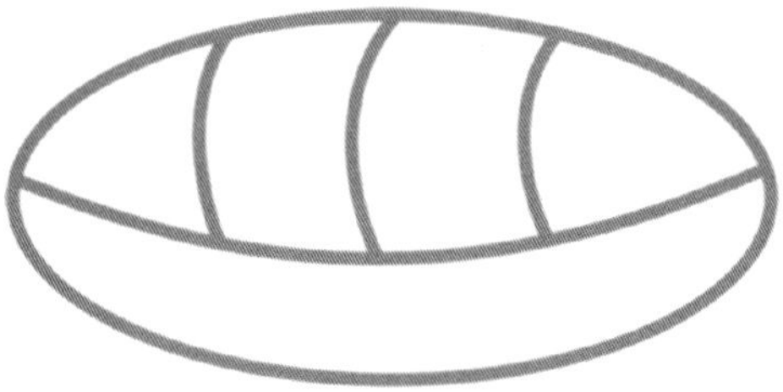

Frühe Mathematik
Die Maya erkannten die Bedeutung der Null für ihre Berechnungen.

Als eine der elementarsten Formen steht der Kreis für die Null. Die Null besitzt eine interessante Geschichte, die ins erste nachchristliche Jahrhundert zurückreicht. Die Babylonier – sie haben uns ein reiches numerologisches und astrologisches Erbe hinterlassen – benutzten bereits seit Tausenden von Jahren schriftliche Zahlensymbole, bevor sie ein Symbol für die Null erfanden. Die Hindus waren die Ersten, die die Null verwendeten; ihr Wort für Null bedeutet „leer" oder „nichtig".

Die Araber brachten die Null später Zahlen in Form von zehn Symbolen ausgedrückt werden.

Die Maya Zentralamerikas verwendeten schon etwa im ersten nachchristlichen Jahrhundert ein Symbol für die Null in ihren mathematischen Kommentaren.

Im Binärsystem unserer Computerprogramme spielt die Null eine wesentliche Rolle. Sämtliche Informationen werden durch Eins und Null ausgedrückt und lassen sich bildlich in Form eines ein- oder ausgeschalteten Kippschalters darstellen.

Null und mehrstellige Zahlen

Grundlage der Numerologie sind die Zahlen Eins bis Neun, ergänzt durch die Meisterzahlen. Auf Geist und Ganzheit verweisend, besitzt jene außergewöhnliche Kreiszahl, die man Null nennt, eine magische Qualität. Sie verleiht der begleitenden Zahl ein kreatives Potenzial. So etwa unterscheidet sich 30 wegen der spezifischen Attribute der 3 qualitativ von 10 oder 20.

findet sich die Null in den Zahlen für den 10., 20. und 30. Tag jedes Monats. Die Ergänzung der einzelnen Ziffern durch die Null verleiht der ihnen innewohnenden Symbolkraft eine besondere Note. Weitere Informationen über die Zahlen der Monatstage finden Sie auf den Seiten 122–125.

Eine Person mit einer Null in ihrem Namen oder Geburtsdatum hat Zugang zu Energieebenen, die den einfachen Zahlen verschlossen bleiben. Da die Null zu den anderen Zahlen hinzutritt, sind die entsprechenden Talente leicht verfügbar und für andere auch deutlich erkennbar. Hier besteht eine Verbindung zum – ebenfalls scheiben- oder kreisförmigen – Vollmond, dem Symbol für Intuition, Sensibilität und übersinnliche Fähigkeiten.

Vollmond

Östliche Astrologen glauben, dass der Vollmond einen überaus günstigen Geburtszeitpunkt darstellt, da er die Person ins Blickfeld der Öffentlichkeit rückt und ihr Erfolg im Leben garantiert.

PERSÖNICHKEITS-ZAHLEN

Der Klang Ihres Namens, sofern er von anderen ausgesprochen wird, verbindet Sie mit dem Urgrund Ihrer Persönlichkeit und Identität. Die aus Ihrem Namen abgeleitete Persönlichkeitszahl zeigt, wie Sie die Schwingungen der Universalzahl auf Ihre ureigene Weise zum Ausdruck bringen. Die Persönlichkeitszahl birgt Informationen über Psyche, Beziehungen und Lebenshaltung. Sie besteht aus zahlreichen Zahlenkombinationen, die man zusammenfassend als Hauptzahlen bezeichnet. Viele Menschen fragen sich, welchen Namen sie zugrunde legen sollen. Der Name in Ihrer Geburtsurkunde zeugt von den Gründen Ihrer Seele für die irdische Existenz. Obwohl es zutrifft, dass der Geburtsname den besten Ausgangspunkt darstellt, kann auch der durch Heirat angenommene Name oder ein Pseudonym herangezogen werden. Diese Namen bleiben dem ursprünglichen Namen jedoch stets nachgeordnet.

Wie Sie Ihre Persönlichkeitszahl ermitteln

Um Ihre Persönlichkeitszahl zu berechnen, müssen Sie kein mathematisches Genie sein, zumal in der gesamten Numerologie keine komplizierten Verfahren benutzt werden. Sie müssen nur alle Zahlen so lange zusammenzählen, bis Sie bei einer einstelligen Zahl landen.

Hierzu benötigen Sie:

- den vollständigen Geburtsnamen, geschrieben in Blockschrift, und
- die nachstehende Zahlenwerttabelle.

Schon bald werden Sie die einzelnen Zahlenwerte auswendig können und die Tabelle kaum noch benötigen.

Suchen Sie die Werte für jeden Buchstaben Ihres gesamten Namens. WICHTIG: „Y" kann je nach Position als Vokal oder Konsonant angesehen werden. Am Ende eines Namens wie Willy oder Kathy auf einen Konsonanten folgend, wird es als Vokal behandelt. Wenn es jedoch zusammen mit voranstehendem „o" oder „a" ausgesprochen wird wie in Roy oder Mayer, wird es als Konsonant angesehen.

Zahlenwerttabelle

1	2	3	4	5	6	7	8	9
A	B	C	D	E	F	G	H	I
J	K	L	M	N	O	P	Q	R
S	T	U	V	W	X	Y	Z	

„Ä", „ö" und „ü" werden als „ae", „oe" und „ue" gewertet, „ß" wird in „ss" umgewandelt. Sämtliche Buchstaben werden berüchtsichtigt, also auch stumme.

Die entsprechenden Zahlen werden stets über den Vokalen und unter den Konsonanten eingetragen. Dadurch wird das spätere Berechnen der karmischen Zahlen vereinfacht. Achten Sie auch darauf, welche Zahlen durch ihr Fehlen oder häufiges Vorkommen auffallen, denn sie offenbaren tiefere Persönlichkeitsstrukturen, die nicht gleich ins Auge fallen. Diese verborgenen Tiefen sind manchmal überraschend und erhellend – oder aber schockierend. So etwa mag eine aufgeschlossene, pionierhafte Einser-Persönlichkeit Probleme haben anzuerkennen, dass irgendwo in ihrem Profil eine konservative Vier lauert.

Zahlen und Buchstaben

Brechen Sie auf zu einer faszinierenden und erhellenden Analyse Ihres Selbst und der Persönlichkeit Ihnen nahe stehender Menschen.

1		5	9	1	1		9	
JAYNE			LISA		HARRAS			
1	75		3	1	8	99		1

Ihre Zahlen

Denken Sie daran, die Zahlen über den Vokalen und unuter den Konsonanten einzutragen.

DIE PERSÖNLICHKEITSZAHL

Je mehr Berechnungen Sie anstellen, desto besser werden Sie mit den entsprechenden Zahlenwerten vertraut sein. Oben finden Sie ein Beispiel für einen Namen, den wir auch später immer wieder heranziehen werden, um zu veranschaulichen, wie die Numerologie die Lebensgeschichte einer Person beschreibt.

Jayne Lisa Harras

Addiere die Vokale von Jayne –
1 + 5 = 6

Addiere nun die Konsonanten – 1+ 7 + 5 = 13
Und weiter 1+ 3 = 4

Addiere 6 + 4 = 10 Und weiter 1 + 0 = 1

Jayne ergibt somit 1

Schritt 2

Addiere die Vokale von Lisa – 9 + 1= 10
Und weiter 1 + 0 = 1

Addiere nun die Konsonanten – 3 + 1= 4

Addiere 1 und 4 = 5

Lisa = 5

Schritt 3

Addiere die Vokale von Harras – 1+9 = 10
Addiere die Konsonanten – 8 + 9 + 9 + 1 = 27
Und weiter 2 + 7 = 9

1 + 9 = 10 Und weiter 1 + 0 = 1

Harras = 1

Abschließend

Addiere Jayne (1) plus Lisa (5) plus Harras (11)
= 1 + 5 + 11 = 17 = 8

Jaynes Persönlichkeitszahl ist die Acht.

Berechnungen

Die Berechnungen sind ganz einfach und werden Ihnen mit der Zeit noch leichter fallen.

Die Persönlichkeitszahl errechnen

Harrison Ford
Ford ist einer der weltweit erfolgreichsten Schauspieler.

Um die Persönlichkeitszahl des berühmten Schauspielers Harrison Ford zu ermitteln, werden alle Zahlen seines Namens wie folgt addiert: Harrison = 1 + 9 + 6 (Vokale) + 8 + 9 + 9 + 1 + 5 (Konsonanten) = 48. Addieren Sie anschließend 4 + 8 = 12 = 3. Harrison besitzt somit den Zahlenwert 3.

Wenn Sie beim Nachnamen ebenso verfahren, ergibt sich eine 7 und für den gesamten Namen 3 + 7 = 10 = 1. Harrison Ford besitzt also die Persönlichkeitszahl Eins – die Zahl des Helden und Pioniers.

Fords erste Hauptrolle war die des einzelgängerischen Piloten Han Solo in George Lucas' erfolgreichem Film *Star Wars*. Han Solo hat die Persönlichkeitszahl Drei – die Zahl des Erkundens und Vordringens, ein deutliches Spiegelbild der verkörperten Rolle, deren Erfolg

	1			9		6			6		
H	A	R	R	I	S	O	N	F	O	R	D
8		9	9		1		5	6		9	4

Erste Schritte
Die entsprechenden Zahlenwerte werden wie abgebildet eingetragen.

Durch Fords heroische Einser-Persönlichkeit gefördert wurde.

Dies eröffnet den Blick auf eines der Geheimnisse der Numerologie: dass ein Name vieles über das Wer und Was unseres Seins offenbaren kann. Bei erfolgreichen Menschen gibt es stets eine deutliche Entsprechung zwischen ihren Zahlen und Lebensrollen. Wer seine Zahlen kennt, ist somit auch in der Lage, es Harrison Ford gleichzutun und sein Potenzial auszuschöpfen.

Sein für die Einser-Persönlichkeit typischer Pioniergeist machte Ford außerdem zum ersten Schauspieler, der für all seine Filme zusätzlich zur Gage auch eine Gewinnbeteiligung durchsetzte, was seinen Reichtum und Bekanntheitsgrad erhöhte.

Han Solo

Der Name *Solo* impliziert eine Einser-Persönlichkeit und verleiht der Tatsache, dass die Rolle für Ford geeignet war, zusätzliches Gewicht.

Perfekte Partner
Einser und Zweier finden stets zueinander.

PERSÖNLICHKEIT EINS & ZWEI: I

Einander ergänzend und definierend, treten die beiden ersten Zahlen – Eins und Zwei – auch paarweise auf. Beide verhalten sich zueinander wie entgegengesetzte Pole, ohne die das Ganze nicht funktionieren würde. Sie stehen für Vater und Mutter, aus deren Vereinigung alle nachfolgenden Zahlen hervorgehen. Eins und Zwei suchen einander, um Vervollkommnung zu finden. Außerdem tendieren sie dazu, Mythen und zehnaktige Opern über diese ewige Suche zu erschaffen.

Persönlichkeitszahl Eins

Als ungerade, extrovertierte Zahl führt die Eins zu einer aktiven, innovativen Persönlichkeit, die auf andere anregend wirkt. Die Einser-Persönlichkeit ist vital und sichtlich voller Selbstvertrauen. Sie sucht nach neuen Horizonten und gewinnt Kraft aus jedem neuen Wagnis. Die Eins ist der Jäger, Versorger und Beschützer des Klans. Die Zweier-Persönlichkeit ähnelt jedoch einem Ritter, der nach einem althergebrachten Ehrenkodex lebte und sich jeder Herausforderung begeistert stellte.

Die Bewahrer

Viele Zweier sammeln traditionelle Kunstwerke.

Sammler

Viele Zweier-Persönlichkeiten sammeln in ihrer Freizeit Dinge wie Briefmarken oder Modellautos.

Persönlichkeitszahl Zwei

Die gerade und introvertierte Zwei ergibt eine emotionale und nachdenkliche Persönlichkeit. Die Zweier-Persönlichkeit strebt nach Ausgleich und Harmonie durch Partnerschaft oder Gruppenzugehörigkeit. Sie verkörpert einen guten, hilfreichen Partner. Kühl und stark, vermag die Zwei Herausforderungen zu widerstehen, indem sie sie ignoriert. Zweier sind Sammler und Bewahrer von Stammestraditionen.

Persönlichkeit Eins & Zwei: II

Zu allem bereit
Einser sind auf alles gefasst, was das Leben für sie bereithalten mag.

Erster zu sein, ist für Einser beinahe eine Religion. Sie stürmen mit dem Kopf voran gegen jegliche Hindernisse an und stürzen sich in jede neue Situation, um vor den anderen zu stehen. Sie sind also nicht eben subtil.

In ihrer Kindheit sind Einser am glücklichsten als ältester oder einziger Sprössling. Älteren Geschwistern, die ihnen den Glanz nehmen, können sie manchmal feindselig begegnen.

Da Einser in Beziehungen ihren unsteten Gelüsten folgen, verlangen sie von ihren Partnern reichlich Freiraum. Sie sind leidenschaftliche Liebhaber, solange ihr Interesse gewahrt bleibt. Es macht Spaß, mit ihnen zusammen zu sein, auch wenn sie ständig die Torpfosten umstellen, was ihre Partner je nach Veranlagung als stimulierend oder kräftezehrend empfinden.

Eindeutig negativ ist, dass Einser bisweilen Aggression und Durchsetzungsvermögen verwechseln und dann über das Ziel hinausschießen. Manche Einser sind übermäßig bedürftig und zornig und können ihre wahre Einser-Natur nicht zum Ausdruck bringen.

Bedürfnisse der Zwei

Zweier-Persönlichkeiten brauchen Zeit, um nachdenken und Vertrauen schöpfen zu können. Ihre Gefühle sind häufig tief verborgen. Bei ihren Urteilen und Reaktionen benutzen sie ihre Gefühle dennoch. Da sie die Bedeutung ihrer emotionalen Seite erkennen, sind sie gute Berater und Therapeuten. Ihre Empfänglichkeit für das Leid anderer kann sich in Krisen bewähren.

Zweier suchen Gesellschaft, um nicht allein sein zu müssen und finden sich auch schon einmal mit einer seit langem abgelaufenen Beziehung ab, anstatt nach neuen Ufern zu streben.

Sie sind gute Partner und bereit, ihren Lieben Unterstützung und Zuwendung zu gewähren. Aufgrund ihrer Wandelbarkeit können sie ihren Liebespartnern rätselhaft und verführerisch erscheinen.

Negativ an diesem Einfluss ist, dass Zweier Risiken scheuen und lieber den sicheren Weg wählen. Sie werden sich abkapseln und von Beziehungen fern halten, solang sie ihre Überempfindlichkeit nicht unter Kontrolle haben.

Da Zweier häufig wechselhaft wie die Gezeiten sind, können sie extrem unentschlossen sein. Sich selbst hinten anstellend, ergreifen sie nie die Initiative – was ihre Partner mächtig frustriert.

Begabte Zweier

Ihre angeborene Fähigkeit, die Gefühle anderer zu reflektieren, macht aus den Zweiern ideale Berater oder Therapeuten.

Laufställe
Dreier hassen sie, Vierer lieben sie.

PERSÖNLICHKEIT DREI & VIER: I

Das Zahlenpaar Drei und Vier entstammt der Form. Drei ist die Summe aus Eins und Zwei, das erschaffene Objekt – das Kind. Vier hingegen ist der Laufstall, der die wilden Impulse der Drei zügelt, um Schaden von ihr abzuwenden und zu verhindern, dass ihre Spielzeuge (Ideen) verloren gehen. Zusammen stehen Drei und Vier für die mentale Stimulation, die den Drang zur Kommunikation sowie Sprachstruktur und Grammatik antreibt.

Wanderlust
„Die Gedanken sind frei", könnte das Lieblingslied der Drei sein.

Persönlichkeitszahl Drei

Drei bedeutet den Wunsch, mit anderen auf geistiger Ebene zu kommunizieren. Als ungerade und extrovertierte Zahl strebt sie danach, sich auszudrücken. Die Dreier-Persönlichkeit ergießt sich in die Welt und umfasst alles, dem sie begegnet. Rede- und wanderlustig legt sie räumlich und geistig große Strecken zurück. Mehr als alle anderen Persönlichkeitszahlen besitzt die Drei Herzensgüte und vergibt anderen ihre Fehler. Dieser Optimismus wirkt anziehend auf die Mitmenschen, die neue Informationen und Anregungen einbringen.

Kommunizierende Dreier
Je größer das Publikum, desto glücklicher fühlen sich Dreier.

Hanteltraining
Kraftübungen sind ideal für Vierer.

Persönlichkeitszahl Vier

Die Vier vermittelt die Entschlossenheit, Mauern und Brücken zu bauen. Als gerade, introvertierte Zahl drückt sie sich durch Widerstand und Beharrungsvermögen aus. Ihre Mühlen mahlen langsam, zumal sie nachdenklich und maßvoll ist. Die übrigen Zahlen brauchen die Vier als solides Fundament für ihre neusten Ideen und Entwürfe. Die Vierer-Persönlichkeit erträgt den Wandel, doch baut sie auf das ewig Bestehende. Vier ist die Zahl der Zuverlässigkeit und Stabilität. Vierer sind daher loyale, verlässliche und ehrenwerte Partner.

Persönlichkeit Drei & Vier: II

Keine Pfennigfuchser
Dreier brauchen keinen Anlass, um Geld auszugeben, zumal sie sich anderen gegenüber großzügig verhalten.

Dreier-Persönlichkeiten müssen körperlich und geistig fit bleiben. Ewig jung, werden sie auch im höheren Alter Kurse belegen, die ihre Fantasie anregen, während sie auf dem Weg zur Bank sind, um ihre Rente abzuheben. Praktische Erwägungen folgen erst später. Dreier sind gern von Menschen sämtlicher Altersgruppen, Rassen und Konfessionen umgeben, um daraus geistige Nahrung zu beziehen. Ihr Geist ist ihnen wichtiger als der Körper, sodass man sie bisweilen daran erinnern muss zu essen, zu duschen oder Sport zu treiben.

Dreier-Persönlichkeiten sind reizende Gesellschafter, wenngleich ein potenzieller Partner unbedingt Geduld und große Nachsicht mitbringen muss. Dreier können Geld aus dem Fenster werfen, sind aber auch bereit, es mit anderen zu teilen.

Es gibt kaum etwas Negatives, das man über Dreier sagen könnte, außer vielleicht, dass sie sich manchmal zu hart rannehmen oder auch einmal zu viel reden.

Gelassene Vierer

Vierer sind dafür bekannt, dass sie es langsam und bedächtig angehen lassen. Als extrem sinnliche Persönlichkeiten wissen sie genau, worauf es ihnen im Leben ankommt. Sie sind Spätentwickler, die einmal Gelerntes jedoch nie wieder vergessen. Geduldsspiele und Bonsai sind perfekt für sie geeignet.

Vierer sind freundlich, körperbetont und beharrlich. Sie respektieren ihr Ehegelübde, das ohnehin von einer Vier verfasst worden sein muss. Schulden kommen für sie nicht in Frage, zudem herrschen sie gern über die Gemeinschaftskasse. Ruhig auch im Angesicht des Sturms und ihre Lieben beschützend, die sie als Besitz ansehen, bevorzugen sie eher den Zermürbungskrieg statt ein kurzes Gefecht.

Als negative Eigenschaft lastet den Vierern der Mangel an Fantasie an. Viele Vierer müssen sich mit gesundheitlichen Dingen befassen, nicht selten in Verbindung mit ihrer mangelnden Flexibilität.

Drei und Vier

Vierer sind versierte Manager von Dreiern, wenn sie im Unterhaltungs- oder Kommunikationssektor tätig sind.

Klartext
Fünfer sind Freiheitskämpfer und Gestalter des sozialen Wandels.

PERSÖNLICHKEIT FÜNF & SECHS: I

Fünf und Sechs stehen für eine Akzentverlagerung vom rein Persönlichen zu einem erhöhten sozialen Bewusstsein. Es geht ihnen darum, was sie von höherer Warte zur Verbesserung der allgemeinen Lebensqualität beitragen können. Fünf ist die Zahl der Freiheit, während Sechs für Diplomatie und Dienstbarkeit steht. Beide sind überaus kreativ. Gemeinsam vermitteln sie die Vision einer besseren, schöneren Welt, die allen von uns offen steht.

Der Clown
Fünfer verwenden Humor, um lieb gewonnene Vorstellungen in Frage zu stellen.

Persönlichkeitszahl Fünf

Fünf ist die zentrale Zahl, bei der sich der tatsächliche Einstellungswandel vollzieht. Fünfer-Persönlichkeiten stehen anscheinend zwischen zwei Welten – der eigenen und der aller anderen. Sie fordern die Freiheit, zwischen beiden Welten zu pendeln und beide nach Belieben zu nutzen. Da sie Sprachen und Philosophien als ihr tägliches Brot ansehen, verfolgen sie das Ziel, die Welt von den Fesseln der Ignoranz und Vorurteile zu befreien. Ihre Waffe ist der Humor, durch den sie wesentlich kommunizieren und aufklären.

Liebende
Sechser sind stets am glücklichsten, wenn sie verliebt sind.

Persönlichkeitszahl Sechs

Sechs ist die Zahl der Liebe – gegenüber einer einzelnen Person wie der gesamten Menschheit. Sechser brauchen Gesellschaft. Ihr Ziel ist eine Welt voller Harmonie, die es durch Dienstbarkeit zu erreichen gilt. Kunst und Kreativität sind die Ausdrucksformen dieser höheren Liebe. Sechser-Persönlichkeiten sind ganz auf Schönheit eingestellt und mitunter der Perfektion verfallen. Ihr Sinn für Ästhetik kommt auf jedem Gebiet zum Ausdruck, für das sie sich entschieden haben. Zudem sind sie überragende Diplomaten und Vermittler.

Venus von Milo
Eine Sechser-Persönlichkeit wird diese berühmte Skulptur – Symbol weiblicher Schönheit und Vollkommenheit – zu schätzen wissen.

Persönlichkeit Fünf & sechs: II

Frischauf
Fünfer-Persönlichkeiten mögen die Natur und den unverstellten Ausblick.

Fünfer lieben es, die Erde auf der Suche nach neuen Erfahrungen zu durchstreifen. Ihr Wissensdurst kennt keine Grenzen und der Weg gilt ihnen ebenso viel wie das Ziel. Gern erzählen sie von den Abenteuern in ihrem interessanten Leben, die sie mit adressatengerechten Details ausschmücken. Klug, gewitzt, mitteilsam und geistig wach, sind sie die geborenen Psychologen und Wissenschaftler. In anderen Menschen lesen sie wie in einem Buch. Dass viele von ihnen in der Welt des Journalismus und der Massenmedien zu Hause sind, ist unschwer zu erraten. Fünfer besitzen das Talent, fremde Ideen nutzbar zu machen und die Wahrheit herauszufinden. Sie sind keine Fachidioten, sondern stets auf der Suche nach übergreifenden Gemeinsamkeiten.

Negativ anzumerken ist, dass Fünfer dazu tendieren, überall nützliche Informationen abzuschöpfen, ohne sich um das Wie zu kümmern. Verpflichtungen fallen ihnen schwer. Lieber brechen sie zu neuen Ufern auf.

Alle lieben, allen dienen

Sechser kennen keine Favoriten und lieben alle auf die gleiche, leicht kühle und distanzierte Art. Beziehungen machen ihr Glück vollkommen. Als Kinder haben sie stets einen besten Freund zur Seite. Mit ihrer magnetisierenden Persönlichkeit und äußerlichen Schönheit wissen sie andere anzuziehen.

Sechser begegnen dem Leben auf künstlerische Weise. Oft sind sie ihre eigene Leinwand, um dort ein Bild der Vollkommenheit zu erschaffen.

Sechser wollen nützlich sein und sind meist am glücklichsten, wenn sie an einem Vorhaben oder Anliegen mitwirken können. Sie glauben an die Macht und die Heilkraft der Liebe. Sechser-Persönlichkeiten sind begabte Heiler und Pfleger und daher vielfach im Gesundheitsbereich tätig, sei es in beratender oder therapeutischer Funktion.

Negativ an diesem Einfluss ist, dass Sechser bisweilen ihre Individualität aufgeben, damit Friede und Harmonie gewahrt bleiben. Oft müssen sie gegen Trägheit ankämpfen. Häufig überfordern sie ihren Körper, um ihre nicht immer realistische Idee der Vollkommenheit zu verwirklichen.

Schönheit und Kunst

Die Eigenschaften, wie sie von der nach Schönem süchtigen Sechs ausgedrückt werden, sind identisch mit dem Streben der frühsten Künstler, das Staunen über die Welt darzustellen.

Die Hand Gottes
Siebener wissen um die Verbindung zwischen Menschlichem und Göttlichem.

PERSÖNLICHKEIT SIEBEN & ACHT: I

Sieben und Acht gehen einen Schritt in Richtung auf die Vereinigung der sozialen Entwicklung oder Gesellschaft mit Spiritualität und Macht. Es geht ihnen darum, räumliche, geistige und mystische Grenzen zu überwinden. Dies wirft die Frage auf, welche Art von Macht zum Ausdruck gelangt und ob sie menschlich oder göttlich ist. Indem Siebener und Achter durch das Wechselspiel sichtbarer und unsichtbarer Kräfte wirken, versuchen sie, dies der Außenwelt zu vermitteln.

Persönlichkeitszahl Sieben

Die ungerade, aktive Sieben ist die mystische Zahl des Mönchs, des Philosophen und des ewig reisenden, doch nie ankommenden Seefahrers. Den Siebenern liegen die Nöte der Menschheit am Herzen, doch sie bevorzugen das Eremitendasein, um ungestört nachdenken und träumen zu können. Indem sie ihre Einsichten zu einer Religion strukturieren, gelingen ihnen geniale Predigten und Vorträge, die allesamt darauf abzielen, uns vor uns selbst zu retten. Die Weitsicht der Siebener und Achter ist beeindruckend, und mit ihrer Rednergabe locken sie manchen hinter dem Ofen hervor.

Die Mönch
Siebener sind mystisch, philosophisch und einsiedlerisch.

Machtvoll
Gleich beherzten Rittern werden Achter gegen starke Widerstände ankämpfen, um ihre Ziele zu erreichen.

Persönlichkeitszahl Acht

Als Zahl der Macht birgt die Acht tiefe Geheimnisse. Gerade und profund, ist sie die Zahl der Unendlichkeit. Viele im Licht der Öffentlichkeit stehende Menschen sind Achter. Sie bedienen sich ihrer persönlichen Macht, um gegen große Hindernisse anzukämpfen. Achter sind stets mehr, als sie erscheinen mögen. Die Komplexität dieser Zahl verleiht ihnen den Drang zu überwinden, zu unterwerfen und ihre inneren Dämonen bloßzulegen. Während sie dies tun, um ihren Seelenfrieden zu finden, lässt das Ergebnis auch uns nicht unberührt.

Liegende Acht
Die Acht ist auch ein Symbol für die Unendlichkeit oder Ewigkeit.

Persönlichkeit Sieben & Acht: II

Höfische Liebe
Minnesänger reisten mit ihren Liebesballaden durch das mittelalterliche Europa.

Persönlichkeits-Siebener neigen zum Abschweifen. Auch wenn sie körperlich anwesend sind, beschäftigt sich ihr Geist häufig mit anderen Dingen. Musikalisch, künstlerisch und dichterisch veranlagt, sind Siebener – gleich den Minnesängern des Mittelalters – ebenso in das Spirituelle verliebt wie in die Sinnenwelt.

Siebener beschäftigen sich hauptsächlich mit der Verwirklichung einer alles umfassenden und alles erklärenden Vision. In den Fächern, die sie selbst am meisten interessieren, sind sie kluge und geniale Lehrer.

Der Pfad zur Weisheit, den sie beschreiten, kennt weder Ende noch Grenzen, was sie offenbar nur weiter vorantreibt. Bereits als Kinder sind Siebener überdurchschnittlich intelligent. Siebener haben jedoch Probleme, sich länger auf die Gegenwart zu konzentrieren.

Alles unter Kontrolle

Als brillante, siegesversessene Taktiker sind Achter im Nahkampf versiert und wissen, wie man vom Leben profitiert. Nicht selten verkörpert ein kämpferischer Hintergrund jene Triebkraft, die sie zu Industriebossen und Regierungschefs werden lässt. Machiavellistisch veranlagt, lieben sie jede Art von Intrigen.

Achter sind sehr gefestigt und ausgeglichen. Als umtriebige Menschen, die sich nicht schonen, haben sie in fast allen Lebensbereichen die Nase vorn.

Achter-Persönlichkeiten interessieren sich dafür, was die Menschen antreibt. Sie sind gute Psychologen und Detektive – nicht etwa aus Interesse an der Wahrheit, sondern weil sie von der Vielfalt menschlicher Reaktionen fasziniert sind. Als Kinder lieben sie es, den Garten umzugraben und Dinge ans Tageslicht zu befördern, vor denen ihre Spielgefährten davonrennen.

Negativ anzumerken ist, dass Achter anmaßend und unfreundlich sein können. Wenn ihr Machttrieb kein Ventil findet, können sie gegenüber den Menschen in ihrer unmittelbaren Umgebung zu tyrannischen Ränkeschmieden und Manipulatoren werden.

Spion in Nadelstreifen

Achter können zahlreiche machiavellistische Züge an den Tag legen. Aufgrund ihres meisterlichen Gespürs und der Beherrschung der politischen Klaviatur würden sie gute Politkommissare abgeben.

9 11 22

NEUN, ELF & ZWEIUNDZWANZIG

Neun ist die Vollendung der Zahlenfolge. Ungerade und vital, ist sie dem Wandel und dem Abschluss halb fertiger Projekte verpflichtet. Als Vermittlerin des Wandels mit dem Antlitz der Stabilität hat sie den Platz zwischen der heutigen und der morgigen Welt inne.

Persönlichkeitszahl Neun

Die selbstbewusste Neun markiert jenen Punkt, an dem eine Veränderung der Umstände eintritt. Neuner kämpfen für das, woran sie glauben, und sind gewillt, ihre beträchtlichen Ressourcen in ein gehegtes Projekt einfließen zu lassen. Philanthropie und Kreativität gehen bei ihnen Hand in Hand. Sie achten auf die Bedürfnisse anderer und geben ihnen praktische Hilfestellung.

Umweltbewusst

Neuner beschäftigen sich mit globalen Problemen wie zum Beispiel Umweltverschmutzung.

Leuchtfeuer
Meisterzahlen dienen der Orientierung im Leben.

Die Meisterzahlen Elf und Zweiundzwanzig

Diese im wirklichen Leben eher seltenen Zahlen gehören in ihrer Meisterfunktion nicht zur Zahlenfolge und stehen außerhalb des gewöhnlichen Verhaltens. Aufgrund dieser großen Verantwortung verwundert es nicht, dass die Meisterzahlen im Alltag vielfach den Kopf einziehen und sich auf eine Zwei oder Vier reduzieren. Sie ähneln einem Leuchtfeuer, das den Weg zu einer neuen Bewusstseinsebene weist, deren Keim die Zwei und Vier in sich bergen. Um die esoterische Bedeutung der Meisterzahlen zu verstehen, müssen die Wesenszüge der Zwei und Vier bekannt sein. Die Essenz der Zwei lautet *rechte Beziehung*, die der Vier ist *rechtes Handeln*. Es überrascht nicht, dass viele Meisterzahlen sich eher aus der Schusslinie heraushalten.

Kreuzfahrer
Neuner verfolgen stets eine Mission – sei sie politisch, humanitär oder spirituell.

Persönlichkeit Neun, Elf & Zweiundzwanzig

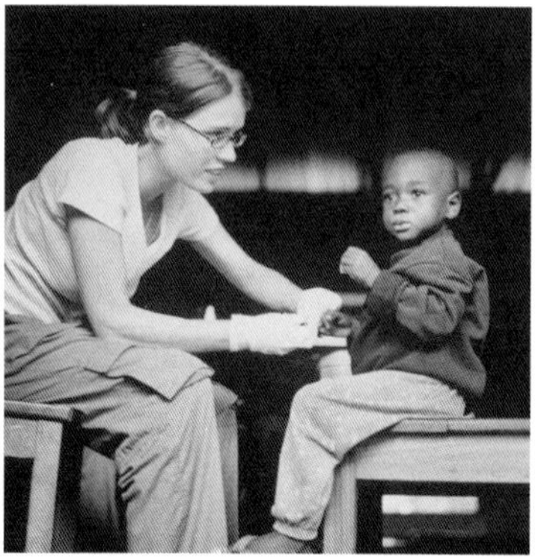

Weltbürger
Neuner sind durchweg bereit, anderen Menschen zu helfen.

Stark an humanitären Fragen von globalem Ausmaß interessiert, stellen Neuner hohe Erwartungen nicht nur an sich selbst. Sie sind stets bemüht, Missstände zu korrigieren – etwa durch politische, religiöse oder spirituelle Arbeit – und sind meist gut informiert über Themen wie Welthungerhilfe, Tierschutz und Gefängnisreform. Da sie ständig Ausschau nach sozialem Unrecht halten, sind sie bisweilen bereit, sich für wichtige Anliegen sogar mit dem Leben einzusetzen.

Viele der von Neunern erschaffenen Kunstwerke in Form von Gemälden, Filmen und Büchern transportieren eine Botschaft, die den Menschen über sein Dasein aufklären soll. Die Komiker unter ihnen lassen uns Tränen lachen.

Neuner können emotionale Verpflichtungen jedoch auch umgehen, indem sie behaupten, dass ihnen der Sinn nach Höherem strebt. Zudem können sie zu selbstgerechten Eiferern werden, die bereit sind, über Leichen zu gehen, um sich zu behaupten.

Elf und Zweiundzwanzig

Elfer und Zweiundzwanziger sehen sich herausgefordert, ihrem Potenzial zu genügen. Fast jeder Mensch kennt dieses Problem, doch bei ihnen kann sich dies zu einer wahren Plackerei auswachsen. Häufig versuchen sie, sich bedeckt zu halten, um die Aufmerksamkeit nicht auf sich zu lenken.

Elfer können Zweier sein, indem sie beschwichtigen und dafür sorgen, dass alle glücklich bleiben. Zweiundzwanziger wiederum können vorgeben, an ihrer unmittelbaren Umgebung äußerlich teilzuhaben (was sie aber nicht wirklich befriedigt), doch sie können niemanden täuschen. Die meisten Meisterzahlen verbringen ihr halbes Leben mit gesenkten Köpfen, sodass am Ende tatsächlich eine Krise vor der Tür steht.

Vielleicht tragen alle Zweier und Vierer einen Keim in sich, der sie befähigt, wie Elfer oder Zweiundzwanziger zu handeln, wenn es wirklich darauf ankommt. Schließlich haben viele Menschen ein außergewöhnliches Maß an Kreativität und Spiritualität entwickelt – und nicht alle sind Meisterzahlen.

Meisterzahlen

Diese relativ selten anzutreffenden Persönlichkeitstypen geben sich in jungen Jahren als Zweier und Vierer aus, um nach erfolgter Reife als Globalplayer aufzutreten.

SCHICKSALS-ZAHLEN

Das Schicksal ist das Ziel unserer Reise durch das Leben. Viele Menschen glauben, dass sie nicht mehr sind als das Ergebnis ihrer Kindheit und noch früherer Erfahrungen. Die Numerologie behauptet hingegen, dass es sich anders verhält und untermauert dies anhand der Schicksalszahl. Die Schicksalszahl übersteht jede Namensänderung. Manche Numerologen sind der Ansicht, dass Persönlichkeits- und Schicksalszahl vor der Geburt festgelegt werden, damit wir in diesem Leben bestimmte Lektionen lernen. Die Persönlichkeitszahl ist anhand unserer Antriebe und Interessen leicht erkennbar – anders jedoch die Schicksalszahl, da unsere frühkindliche Umgebung dem unvermittelten Ausdruck unseres Lebenswegs womöglich entgegenarbeitet. Während wir diesen schwierigen Lebensabschnitt überwinden, entwickeln wir uns ständig weiter.

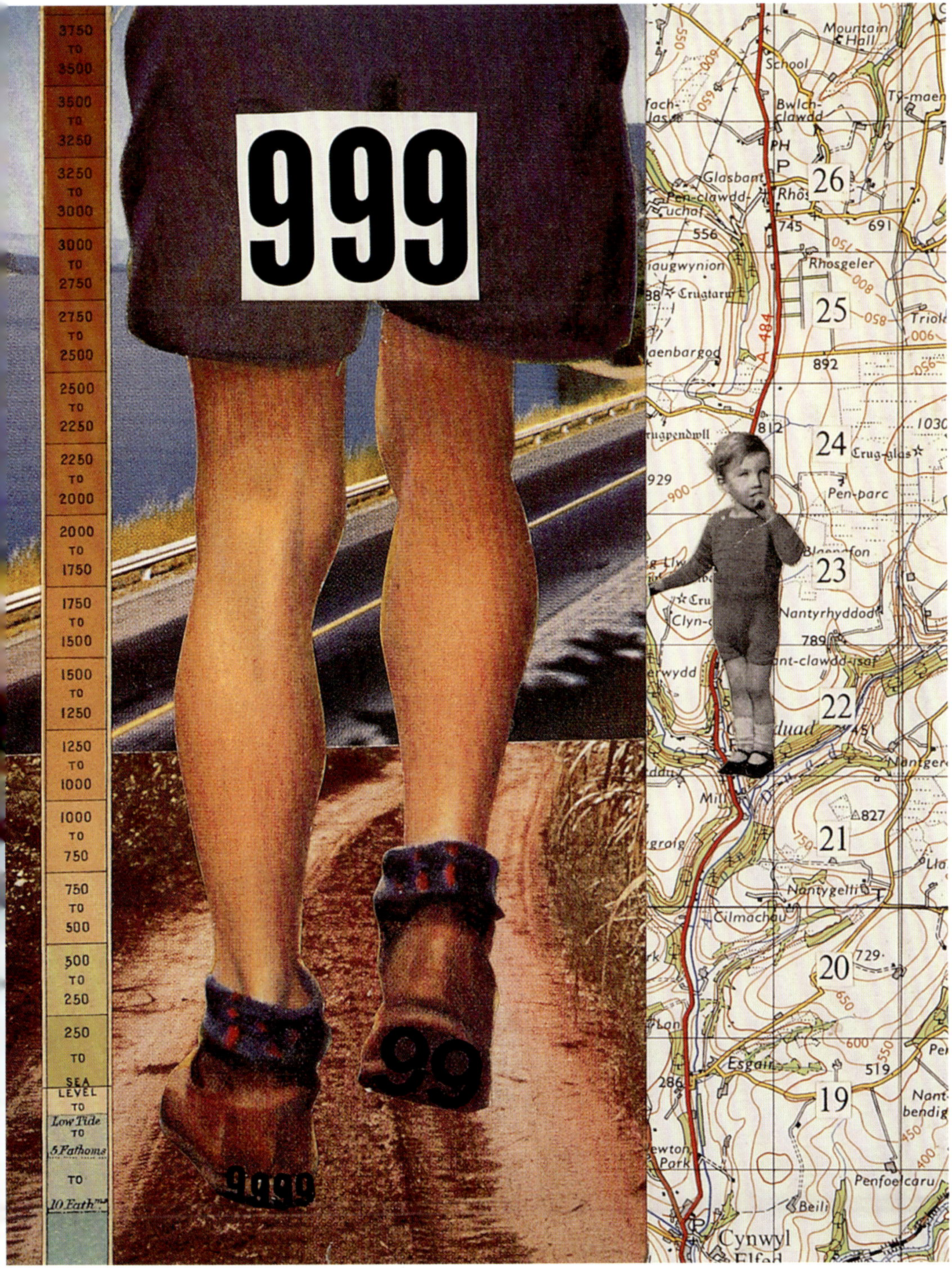

3750 TO 3500
3500 TO 3250
3250 TO 3000
3000 TO 2750
2750 TO 2500
2500 TO 2250
2250 TO 2000
2000 TO 1750
1750 TO 1500
1500 TO 1250
1250 TO 1000
1000 TO 750
750 TO 500
500 TO 250
250 TO SEA LEVEL
TO Low Tide
TO 5 Fathoms
TO 10 Fath^ms
999
99
9999
Mountain Hall
School
Bwlch-clawdd
Glasbant
Pen-clawdd-uchaf
Rhosgeler
Crugtarn
A 484
Crug-glas
Pen-parc
Nantyrhyddod
Nantgelli
Cilmachau
Esgair
Penfoelcaru
Beili
Cynwyl
26
25
24
23
22
21
20
19

Wie Sie Ihre Schicksalszahl ermitteln

In der Numerologie wird grundsätzlich so lange addiert, bis eine einstellige Zahl erreicht ist. Ausgenommen von dieser Regel sind die Zahlen Elf und Zweiundzwanzig.

Um Ihre Schicksalszahl zu ermitteln, addieren Sie den Tag, den Monat und das Jahr Ihrer Geburt, bis Sie bei einer Zahl von Eins bis Neun enden.

Ausgenommen ist lediglich der November, der stets eine Elf bleibt und nie zur Zwei reduziert wird. Die im Meistermonat November Geborenen haben somit einem speziellen Lebensweg zu folgen.

Als zehnter Monat ist der Oktober eine zweistellige Zahl. Das Addieren der beiden Ziffern ergibt die Eins mitsamt ihren dynamischen Eigenschaften. Die hinzutretende Null kann jedoch manchmal auch auf übersinnliche Fähigkeiten verweisen.

Tage	
Sämtliche Monatstage werden auf eine einstellige Zahl reduziert.	
1, 10, 19, 28	ergeben **1**
2, 20	ergeben **2**. 11 und 29 bleibt **11**
3, 12, 21, 30	ergeben **3**
4, 13, 31	ergeben **4**. 22 bleibt **22**
5, 14, 23	ergeben **5**
6, 15, 24	ergeben **6**
7, 16, 25	ergeben **7**
8, 17, 26	ergeben **8**
9, 18, 27	ergeben **9**

Erstes Beispiel

Unser erstes Beispiel ist Harrison Ford, geboren am 13. Juli 1942.

Wir schreiben **13/7/1942**
Addiere **1** und **3** (13) = **4** plus **7** (Juli) = **11**
1942 ergibt **1 + 9 = 10 = 1 + 0 = 1**
4 + 2 = 6
1 + 6 = 7
11 + 7 = 18 = 1 + 8 = 9
Bis zum Ende reduziert ergibt dies **9**
Harrison Ford besitzt also die Schicksalszahl **Neun.**

Die Deutung dieser Zahl finden Sie auf Seite 118.

Zweites Beispiel

19. Dezember 1978, geschrieben als 19 / 12/ 1978

19 ergibt **1 + 9 = 10 = 1**
Dezember ist der zwölfte Monat, also **1 + 2 = 3**
19. Dezember **= 1 + 3 = 4**
1978 ergibt **1 + 9 + 7 + 8 = 25** also **2 + 5 = 7**
Abschließend addieren wir **4 + 7 = 11**

Als Meisterzahl darf die Elf nicht weiter reduziert werden.

Abenteuerlust

Für Einser steckt das Leben von Kindesbeinen an voller Herausforderungen.

SCHICKSAL EINS & ZWEI: I

Die Energie der Schicksalszahlen Eins und Zwei versieht das Leben mit Ereignissen, die dazu veranlassen, Eigenverantwortung zu übernehmen und mit dem Rest der Menschheit harmonisch zusammenzuleben. Dies zeigt sich bereits in der Kindheit, von den egozentrischen Anfängen bis zu den ersten jugendlichen Versuchen der Kontaktaufnahme. Jeder Lebensweg ähnelt einem Fraktal des gesamten Zahlenspektrums. In jedem steckt eine ganze Welt aus Erfahrungen und Ereignissen, die durch die Linse der jeweiligen Zahl fokussiert werden.

Schicksalszahl Eins

Die Eins vermittelt den Antrieb, stets der Erste zu sein. Eins ist die Zahl des unverfälschten, säuglinghaften Ichseins. Die Schicksalszahl Eins sorgt dafür, dass alle Bedürfnisse befriedigt werden und das Überleben garantiert ist. Indem die frühen Menschen jagten und um die besten Fortpflanzungspartner konkurrierten, folgten sie einem Einser-Lebensweg. Sieg war für sie die einzige Option, denn eine Niederlage hätte den sicheren Tod bedeutet. Historisch betrachtet, kann man die Horden der Hunnen und Goten, die nach dem Gewaltprinzip lebten und alles hinwegfegten, das ihnen den Weg versperrte, als Einser-Persönlichkeiten ansehen.

Fürsorge erlernen

Zweier müssen Fürsorge häufig erst lernen.

Zerstörer

Bei historischen Einser-Persönlichkeiten wie diesen mongolischen Kiegern galt allein das Recht des Stärkeren.

Frühe Kindheit

Die Bindung zwischen Eltern und Kind ist die Grundlage für die Einbindung des Individuums in die gesamte Sippe.

Schicksalszahl Zwei

Die Zwei ist der Wunsch zu vermitteln und zu beschwichtigen; zugleich jene frühkindliche Phase, in der die enge emotionale Bindung zur Mutter alles beherrscht. Die frühen Menschen beschritten einen Zweier-Lebensweg, als sie begannen, Getreide anzubauen und sich um das Gedeihen der Feldfrüchte zu kümmern. Gemeinschaftsarbeit bedeutete zugleich höheren Ertrag und längeres Leben. Zweier sind mit den Minoern vergleichbar, die die Göttin der Mutterschaft und Kreativität verehrten.

Schicksal Eins & Zwei II

Auf geht's!
Einser wollen bereits in jungen Jahren eigene Wege gehen, etwa durch Beitritt in eine Jugendorganisation.

Der Einser-Lebensweg bedeutet die Herausforderung, das eigene Leben in die Hand zu nehmen und unabhängig zu werden. Als Schule der individuellen Entwicklung birgt das Einser-Schicksal Erfahrungen, die den Gedanken an ein beschauliches Leben verbannen.

In der frühen Kindheit steht der Einser Weg meist im Schatten familiärer Ereignisse, die zur weitgehenden Nichtbeachtung des Kindes führen. Um zu überleben, verschafft sich das Kind die benötigte Aufmerksamkeit, indem es als Helfer auftritt und sich auf eine Seite schlägt.

Später sorgt das Einser-Schicksal für Situationen, die aus der Reserve locken und dazu zwingen, die Vorhut darzustellen. Sobald dieser Schritt getan ist, garantiert das Einser-Schicksal mit Lektionen in persönlicher Verantwortung und Selbstbehauptung das reibungslose Erreichen von Erfolg und Führerschaft in dem gewählten Gebiet.

Schicksalszahl Zwei

Der Zweier-Lebensweg birgt zahlreiche Erfahrungen in der Beziehungskunst. Kontaktfreudigkeit mag eine angeborene Gabe sein, doch für Zweier bedeutet dies einen sehr schmalen Grat zwischen Vereinigung und Selbstverleugnung. Dies ist ein wahrer Balanceakt, doch Balance ist nun einmal das Schlüsselwort für den Zweier-Weg.

In früher Kindheit besteht eine starke Mutterbeziehung, von der sich die emotional empfindliche Zwei nur schwer lösen kann. So entsteht in der Schick-

Sals-Zwei der unrealistische Wunsch nach einem Seelenpartner, der sie ebenso liebt wie einst die eigene Mutter. Auch können sich zwanghafte Muttergefühle herausbilden, die vor reifen Beziehungen zurückschrecken lassen. Oder es entsteht der Glaube, die von der Mutter erfahrene Liebe sei ohnehin unerreichbar.

Später lernt der Betreffende, dass er von seinem Partner nicht die Erfüllung all seiner Wünsche und Bedürfnisse erwarten darf. Dies ist mit dem Anerkennen der Tatsache verbunden, dass er ebenbürtig und daher auch mitverantwortlich ist.

Das Leben lehrt ihn, die Freuden der Partnerschaft zu schätzen und zugleich stark genug zu sein, um als Individuum aufzutreten.

Frühe Jahre

Der Lebensweg beginnt am Tag der Geburt und erfüllt nach und nach das in jeder Zahl enthaltene Schicksal.

Tatkraft und Trägheit

Drei und Vier stehen für Tatkraft und Trägheit als den stets paarweise auftretenden Kräften im Universum.

SCHICKSAL DREI & VIER: I

Die Schwingungen der Schicksalszahlen Drei und Vier bringen Erfahrungen mit sich, die die Fähigkeit des Individuums erproben, ins Leben einzutreten und sich aus ihm zurückzuziehen. Diese Zahlen stehen für gleich große, doch entgegengesetzte Energien. Da sie sich wie das schlagende Herz öffnen und schließen, bieten sie Gelegenheit, Ebbe und Flut im Leben zu steuern. Ein kontrollierendes Element findet sich auf beiden Schicksalspfaden – bei der Drei in Form mentaler Prozesse, bei der Vier durch Einsatz persönlicher Macht.

Schicksalszahl Drei

Als Pfad des Erkundens und Offenseins für neue Erfahrungen sorgt die Drei für ein stets interessantes Leben und ein noch verheißungsvolleres Morgen. Sie steht für die Phase, in der das Kind lernt, mit seiner Umgebung zu verhandeln und mit Geschwistern zu kommunizieren. Die beste Entsprechung im Rahmen der westlichen Kulturgeschichte ist die griechische Klassik mit ihrer Liebe zum Debattieren und Philosophieren und der feinsinnigen Entwicklung der Mathematik.

Schicksalszahl Vier

Der Vierer-Lebensweg birgt eine Prüfung des Selbstwertgefühls vor dem Hintergrund scheinbarer Knappheit. Als Zahl der Erde und der materiellen Gebundenheit steht die Vier für jene Phase, in der das Kleinkind diszipliniert wird und lernt, dass der Gartenzaun ebenso der Einfriedung wie der Ausgrenzung dient. Ein ideales Spiegelbild dieses Lebenswegs ist das Römische Reich mit seiner langen Geschichte der Kolonialisierung und dem Einsatz brutaler Kraft, um alle anderen in die Knie zu zwingen.

Schicksal Drei & Vier: II

Neue Horizonte
Nicht selten sitzen Dreier stets auf gepackten Koffern.

Die Schwingungen des Dreier-Lebenswegs öffnen Herz, Körper und Seele für positive Erfahrungen und nützliche soziale Aktivitäten. So weit die Theorie!

In der Wirklichkeit können viele der Betroffenen nur schwer an ein so gutes Leben glauben. Schicksals-Dreier müssen ihr Leben lang lernen, ihrem eigenen Kopf zu trauen.

Als Kinder müssen sie feststellen, dass sie am Ausloten ihrer geistigen Fähigkeiten gehindert werden. Oft haben sie Eltern, die nichts von Bildung halten oder selber nur begrenztes Wissen und Bildung besitzen und daher alle diesbezüglichen Vorstöße ihres Kindes vereiteln. Manche dieser Kinder sind jahrelang leistungsschwach. Schließlich aber bietet ihnen das Leben dann doch Gelegenheiten zur geistigen Weiterentwicklung, oft auf Kosten einer Entfremdung von den ihnen am nächsten stehenden Menschen.

Wenn die Schulzeit nicht mehr als eine blasse Erinnerung darstellt, stürzen sich Schicksals-Dreier mit Zuversicht in die Welt, um wie nebenbei zu lernen, zu reisen und zu lesen, zu kommunizieren und all die Schätze, die das Leben bereithält, auszukosten.

Schicksalszahl Vier

Die dichten, überaus langsamen Schwingungen des Vierer-Lebenswegs zielen darauf ab, den Betreffenden auf den Boden der Tatsachen zu bringen. Schicksals-Vierer lernen früh, dass sie sich alles erarbeiten müssen. Selbst dann kann der Lohn aber noch Jahre auf sich warten lassen.

Schicksals-Vierer haben ihre Kindheit womöglich in einer weniger begüterten Familie verlebt, wobei dies den anderen Geschwistern vielleicht gar nichts ausgemacht hat. Für sie selbst jedoch bedeutet die Geldknappheit so viel wie innere Armut. Dieser Lebensweg erzeug den schwelenden Wunsch nach viel Geld. Schicksals-Vierer glauben, dass alle Probleme sich durch Geld ausräumen lassen und sich der Wert eines Menschen an Besitztümern bemisst.

Im reifen Alter führt die Schicksals-Vier zur Wertschätzung der Menschen und Dinge unabhängig von ihrem materiellen Status. Auf diese Weise entstehen Zuversicht und Selbstwertgefühl, die auf dem Wahrhaftigen gründen. Letztlich werden die Betreffenden erkennen, dass sie mit weniger materiellem Wohlstand und mehr emotionalem Kontakt glücklicher sind.

Wandel und Beständigkeit

Die Schicksals-Drei erlebt viele Überraschungen, während der Lebensweg der Schicksals-Vier langsam und beständig verläuft. Beide lernen, sich in das eigene Lebenstempo einzufinden.

Aufgeschlossen
Im Leben der Fünfer und Sechser kommen viele Menschen vor.

SCHICKSAL FÜNF & SECHS: I

Die Lebenswege der Schicksalszahlen Fünf und Sechs bieten den Betreffenden die Möglichkeit, ihre normalen Erwartungen zu überschreiten. Zudem stecken sie voller Erfahrungen, bei denen große Menschenmengen eine Rolle spielen. Beide streben danach, ihr Bewusstsein von der Vielfalt menschlichen Verhaltens durch Interaktion zu erweitern. Und beide haben das Bedürfnis, auch anderen Menschen eine bessere Lebensweise aufzuzeigen. Wie sie dies tun, kennzeichnet den Unterschied zwischen den beiden Lebenswegen.

Freiheit
Viele Fünfer widmen ihr Leben dem Kampf gegen Unterdrückung.

Schicksalszahl Fünf

Der Pfad des Schicksals-Fünfers beleuchtet dessen Streben nach Freiheit durch Wissen. Die Fünf ist mit der Phase des Eintritts in die Schule assoziiert, wo das Kind Altersgenossen aus anderen Schichten sowie Ideen und Vorstellungen kennen lernt, die nicht unbedingt mit denen zu Hause identisch sind und sich somit von erziehungsbedingten Vorurteilen löst. Die Schwingungen der Fünf verweisen auf die Befreiung von jedweder Unterdrückung, die sich in der Geschichte beispielsweise im Römischen Reich oder durch Sklavenhandel zeigte.

Kreativ
Sechser müssen ihre angeborenen kreativen Fähigkeiten entwickeln können.

Schicksalszahl Sechs

Die Schicksals-Sechs verkörpert einen Lebenspfad, der zum kreativen Ausdruck der Liebe führt. Sie ist mit der Phase des Heranwachsens verknüpft, in der das Kind starke Gefühlsschwankungen durchlebt und versucht, diese durch Musik und Poesie auszudrücken. Die mit der Sechs assoziierte Periode der Menschheitsentwicklung ist die Renaissance mit all ihren Künstlern, Liebessonetten und Vorstellungen von religiöser Freiheit, die mehr auf Nächstenliebe basierten denn auf archaischen Regeln und höfischem Überschwang.

Renaissance
Die europäische Renaissance war eine Ära künstlerischer und gesellschaftlicher Freiheit.

Schicksal Fünf und Sechs: II

Macht der Gedanken

Fünfer lernen, dass sie sich durch Wissen befreien können.

Personen mit der Fünf als Lebenswegzahl werden vom Schicksal ermutigt, das Unbekannte zu erkunden und die Sicherheit hinter sich zu lassen. Die Fünf fordert sie heraus, ihr Verständnis des Lebens mithilfe der fünf Sinne zu erweitern.

In ihrer Kindheit bleibt den Schicksals-Fünfern häufig jegliche Freiheit verwehrt. Vom dominanten Elternteil erfahren sie, was sie zu tun, denken und empfinden haben. Draußen in der Welt schrecken sie deshalb davor zurück, Eigenverantwortung zu übernehmen und stecken in manchen Situationen fest. Anstatt ihre Furcht vor dem Unbekannten einzugestehen, schieben sie dies lieber auf die Umstände.

Beim Ergründen der eigenen Freiheit bemerken sie dann, dass Freiheit vielfältig und komplex ist und grundsätzlich für alle verfügbar sein sollte. Sie sehen ihre Aufgabe darin, ihre Umweltwahrnehmung anderen zu vermitteln, wobei beide Seiten vom Erwerb eines guten Kommunikationsvermögens profitieren können. Schicksals-Fünfer haben die Gabe, ihre Wahrnehmungen der Außenwelt mit Nachdruck zu vermitteln.

Schicksalszahl Sechs

Die Schwingungen der Schicksalszahl Sechs reichen über persönliche Belange hinaus. Da Dienstbarkeit der alles beherrschende Begriff ist, sind viele Sechser am glücklichsten, wenn sie anderen dienen und sich um sie kümmern können. Dies aber muss in Schönheit vonstatten gehen, denn Sechs ist die Zahl der Kunst und des kreativen Ausdrucks.

Dies gilt auch für die kleinen Dinge des Alltags, weshalb viele Schicksals-Sechser gemeinnützige Tätigkeiten verrichten.

Kinder mit der Schicksalszahl Sechs kümmern sich häufig um einen kranken Angehörigen oder ersetzen jüngeren Geschwistern die Mutter. Wegen ihrer Hilfeleistungen gelten sie den übrigen Familienmitgliedern als wichtig. Künstlerisch veranlagt, haben sie einen Sinn für alles Schöne. Später werden sie ihre inneren Ressourcen womöglich missachten und sich profaneren Alltagsverrichtungen zuwenden.

Der Sechser-Lebenspfad verlangt nach einem Gleichgewicht zwischen dem rein Funktionalen und dem Schönen. Reife Schicksals-Sechser wirken anziehend auf andere und sind daher aufgefordert zu unterscheiden, ob man sie wegen ihrer äußerlichen Schönheit oder ihrer inneren Qualitäten liebt.

Rattenfänger von Hameln

Diese Geschichte lässt sich auf die Freiheit der Fünf beziehen. Der Rattenfänger versprach, Hameln von der Rattenplage zu befreien, doch er entführte sämtliche Kinder der Stadt.

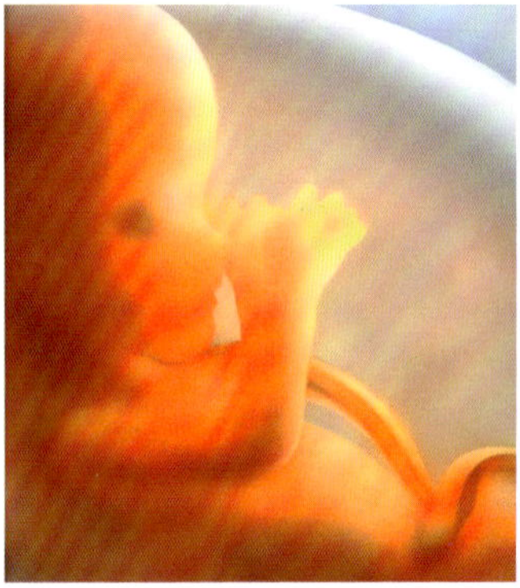

Wunder und Mysterien
Siebener stimmen sich auf die mystischen Bereiche des Lebens ein.

SCHICKSAL SIEBEN & ACHT: I

Die Schwingungen der Schicksalszahlen Sieben und Acht unterscheiden sich sehr. Die Energie des Siebener-Lebenspfads stammt aus einem Reich jenseits des physisch Erfassbaren. Im Gegensatz dazu wurzelt der Achter-Lebenspfad in der materiellen Welt von Gewinn und Verlust und dem Einsatz des Willens. Beide Schicksalszahlen bieten die Chance zur persönlichen Veränderung durch Aufgabe überkommener Verhaltensmuster.

Schicksalszahl Sieben

Der Siebener-Lebenspfad hinterfragt die Annahme, dass nur materielle Dinge real seien. Die Schicksals-Sieben hat Zugang zu den subtilen Existenzebenen und will ihr diesbezügliches Wissen in solcher Form zum Ausdruck bringen, dass die anderen Menschen sich angesprochen fühlen. Diese Energie hat die Qualität des vorgeburtlichen Lebens, bei dem sich das Ungeborene gewissermaßen in einem himmlischen Zustand ohne Stress oder Beanspruchung durch die Außenwelt befindet. Die Periode der Menschheitsgeschichte, die eine ähnliche Schwingung besitzt, ist jene Zeit, die Adam und Eva voller Unschuld im Garten Eden verlebten.

Paradies
Schicksals-Siebener suchen nach ihrem eigenen Garten Eden.

Die Medici

Schicksals-Achter würden Gefallen an den Machenschaften finden, die sich im 15. und 16. Jahrhundert in Florenz abspielten, als Katharina von Medici (1519–1589) ihren Teil zum politischen Intrigenspiel beitrug.

Todeswunsch?

Jugendliche mit der Schicksalszahl Acht sind möglicherweise vom Tod fasziniert.

Schicksalszahl Acht

Der Achter-Lebenspfad erzeugt tief greifende Konflikte. Dahinter steht der Impuls, dass sich die persönlichen Lebensumstände für immer verändern müssen. In der Individualentwicklung entspricht dies jenem Punkt, wo der Heranwachsende in die Erwachsenenwelt übertritt und eine Identitätskrise durchmacht. Die politischen Machenschaften der Medici sind ein Spiegelbild zahlreicher Eigenschaften der Schicksals-Achter, vor allem der Manipulationen und Machtkämpfe, die still im Hintergrund ablaufen.

Schicksal Sieben & Acht: II

Tagträumer
Siebener leben häufig zwischen der realen und der vorgestellten Welt.

Da der Siebener-Lebenspfad in ein Wunderland führt, gilt es, mit beiden Beinen auf dem Boden zu bleiben. Schicksals-Siebener suchen nach einer Sache, der sie sich verschreiben können. Viele von ihnen führt dies weit in die Welt hinaus, um vorzugsweise allein zu reisen und zu studieren. Sie besitzen eine starke Intuition, der sie vertrauen müssen. Junge Schicksals-Siebener sind jene Kinder, die im Klassenzimmer stets aus dem Fenster schauen. Wenn man ihnen sagt, dass ihre Träume nur Schäume sind, kann sie dies tief verletzen. Oft finden sie Zuflucht in der Poesie, Mystik und Musik, um ihr Sehnen und Trachten zum Ausdruck zu bringen. Als Heranwachsende beginnen sie nach einem Leitbild zu suchen, was es eine religiöse Gestalt, eine persönliche Beziehung oder gar eine Sportmannschaft sein kann.

Die Energie der Schicksals-Sieben lässt Situationen entstehen, die zunehmend zu der Einsicht führen, dass es die Wahrheit an sich nicht gibt, vielmehr zahlreiche Wahrheiten und Wege, um Hingabe zum Ausdruck zu bringen.

Schicksalszahl Acht

Mit ihren dichten, langsamen Schwingungen bringt das Achter-Schicksal Lektionen und Erfahrungen mit sich, die das Leben des Betreffenden nachhaltig beeinflussen.

Als Kinder sind Schicksals-Achter häufig einem tyrannischen Elternteil oder

Lehrer auf Gedeih und Verderb ausgeliefert oder müssen sich bereits sehr früh Überlebenstechniken aneignen. Nicht selten werden sie lange vor den anderen Kindern mit den unbequemen Lebenswahrheiten konfrontiert.

Als Erwachsene sind Achter dann entsprechend krisenerprobt und für Führungsaufgaben geeignet. In der Pubertät können Sex, Tod und Tiefenpsychologie eine Faszination auf sie ausüben. In der Regel streben sie dann beharrlich nach Antworten auf die kompliziertesten Fragen.

Schicksals-Achter bemühen sich intensiv um das Überwinden dessen, was sie als innere Schwächen ansehen. Unterdessen lernen sie, dass sie einfach nicht alles kontrollieren können und dass in ihrem Leben Dinge auch ohne ihre Zustimmung geschehen.

Der Sinn des Lebens

Siebener und Achter versuchen, ihre innere Kraft zu entwickeln – Siebener durch ihre Fantasie, Achter durch ihre Willenskraft.

9 11 22

Letzte Zahlen
Diese Zahlen stehen für das Schicksal der Veränderung und sozialen Verantwortung.

NEUN, ELF & ZWEIUNDZWANZIG

Die Schicksals-Neun, die die Zahlenfolge abschließt, verweist auf ein Leben aus Schlusspunkten und neuen Anfängen. Alle Neuner-Beziehungen sind stark vom Karma geprägt, so als würden Schulden bezahlt oder empfangen. Elfer- und Zweiundzwanziger-Schicksale werden eher selten ausgelebt, da sie harte Arbeit voraussetzen, die sich jedoch ungemein rentiert und die Gesellschaft nachhaltig beeinflussen kann.

Schicksalszahl Neun
Die Schwingungen der Neun vermitteln dem Betreffenden das starke Gefühl, dass aus früheren Leben übernommene Probleme nun endlich gelöst und beendet werden. Wer diese Schicksalszahl besitzt, braucht eine Menge Energie, um die Sache zum Abschluss zu bringen. Zum Glück sind Schicksals-Neuner mit genug Enthusiasmus und Elan erfüllt, um anderen und auch sich selbst zu helfen – damit sich ihre Last verringert, und auch, um für die Neuanfänge gerüstet zu sein, die auf die bevorstehenden Lösungen folgen werden.

Anderen begeistern
Schicksals-Neuner besitzen das Talent, andere zu Höchstleistungen anzuspornen.

Im Rampenlicht

Neuner suchen Aufmerksamkeit und stellen sich gern in den Mittelpunkt.

Schicksals-Meisterzahlen: Elf und Zweiundzwanzig

Die Schwingungen dieser beiden Pfade folgen einer ganz anderen Energie als die der vorangehenden Schicksalszahlen. Von diesen Wegen kann man leicht abkommen, da Elf und Zweiundzwanzig sich auf Zwei und Vier reduzieren lassen. Viele Menschen, die unter dem Einfluss dieser beiden Schicksale stehen, tun häufig so, als sei nichts geschehen. Beide Zahlen setzen aber voraus, dass man die Verantwortung für sein Schicksal übernimmt. Belohnt werden diese Mühen auf finanzieller oder gesellschaftlicher Ebene.

Selbst am Steuer

Elfer und Zweiundzwanziger übernehmen die Ve wortung für ihre Reise auf der Straße des Lebens.

Schicksal Neun, Elf und Zweiundzwanzig

Spot an!
Ihre Bekanntheit beschert vielen Neunern Ruhm und Reichtum.

Dieser Lebenspfad birgt nahezu die Garantie, den Betreffenden in irgendeiner Weise ins Licht der Öffentlichkeit zu rücken. So etwa findet man im Showgeschäft zahlreiche Schicksals-Neuner, die förmlich von Situationen angezogen werden, um mitten auf der Bühne zu landen.

Schicksals-Neuner sind jene Schüler, denen kein Fehler ihres Lehrers entgeht, worauf sie natürlich hinweisen müssen. Doch auch jedes Fehlverhalten ihrerseits zieht die Aufmerksamkeit auf sich und kann stundenlanges Nachsitzen zur Folge haben. Daraus entsteht jedoch bisweilen Unsicherheit und ein Gefühl der Unterlegenheit. Da Naivität und ungebrochener Optimismus jedoch nur selten völlig zum Erliegen kommen, treten Schicksals-Neuner enthusiastisch ins Leben – bereit, die Welt zu verändern. Als Erwachsene vertreten sie die Auffassung, dass sie das Leben durch ihr Tun gestalten können. Dieser Lebensweg verlangt Courage und setzt voraus, dass sie ihre Vision nicht aus dem Blick verlieren.

Schicksalszahl Elf

Diese Meisterzahl entzündet das Verlangen, humanistische Ideale und das Licht des Wissens zu verbreiten. Auch das Alltagsleben der Schicksals-Elfer kann durch derart starke Schwingungen untergründig beeinflusst werden. Dieser steile Weg lehrt kritisches Urteilsvermögen und den Wert echter Beziehungen, birgt jedoch auch zahlreiche Fallen. Er bringt verborgene Lebensbereiche zum Vorschein wie Okkultes und Mystisches. Schicksals-Elfer streben danach, einmal Gelerntes auch anderen zu vermitteln.

Schicksalszahl Zweiundzwanzig

Als Meisterzahl bringt die Schicksalszahl Zweiundzwanzig das Streben mit sich, eine tragfähige Struktur oder Institution zu schaffen, die einen Traum verwirklicht – von der Versammlungsstätte für Straßenkinder bis zur Universität. Verwirrendes Streben nach materiellem Wohlstand (Einfluss der Schicksals-Vier) veranlasst die Schicksals-Zweiundzwanziger, an der rechtmäßigen Stellung der materiellen Welt festzuhalten, um ihre Träume mit den erzielten Profiten finanzieren zu können.

Meisterzahlen

Elfer und Zweiundzwanziger haben es leichter, wenn sie sich als Zweier und Vierer ausgeben – sofern das Schicksal es ihnen gestattet.

Tageszahlen
Sämtliche Zahlen werden auf eine Ziffer reduziert.

MONATSTAGE: I

Die Numerologie der einzelnen Monatstage bildet einen wichtigen Hintergrund für die Schicksalszahl und den Ausgangspunkt für die Ausrichtung des individuellen Lebens. Die Monate besitzen eine ähnliche numerologische Bedeutung, die den jeweiligen Lebenspfad unterstreicht.

Römischer Kalender
Die ursprünglich aus 28 Tagen bestehenden Monate wurden durch den Römischen Kalender zu Monaten unterschiedlicher Länge. Allein der Februar hat weiterhin 28 Tage, die übrigen Monate hingegen 30 oder 31 Tage. Die Numerologie erhielt damit weitere Zahlen, um die Geburtstage und Schicksalszahlen zu interpretieren.

Mondtage/Monatstage
Dem Mondzyklus entsprechend, bestand der Monat ursprünglich aus 28 Tagen.

Mehrstellige Tage

Jeder Monat enthält dreimal die reduzierten Zahlen 1–9; der 28. Tag ergibt eine zusätzliche 1 (28 = 2 + 8 = 10 = 1 + 0 = 1). Mit dem 29., 30. und 31. Tag entsteht eine angehängte Gruppe aus den Zahlen 2–4. Jeder bezifferte Tag besitzt ein spezielles Gepräge. Einstellige Tageszahlen tragen die reine Essenz ihrer numerologischen Bedeutung in sich. Als mehrstellige Tage bezeichnen wir Kombinationen aus zwei einzelnen Zahlen, die der an diesem Tag geborenen Person die Eigen-schaften beider Zahlen und auch jener Zahl vermitteln, die sich durch Addition ergibt.

Verbindungen

Die Tageszahlen 7 und 16 sind miteinander verknüpft, da sie auf die gleiche Zahl reduziert werden.

Meistermonat

Die Monate Januar bis September ergeben die Zahlen Eins bis Neun, Oktober und Dezember werden auf Eins bzw. Drei reduziert. Als elfter Monat (Meisterzahl) des Jahres darf der November jedoch nicht weiter reduziert werden.

Monatstage: II

Der Bedeutung der Tage	
Einser-Tage	1, 10, 19 und 28 – allesamt leicht verschiedene Einser. **1** – die Urzahl („ich zuerst") ist frische, reine Initiation. **10** – die Null gibt der hinausstrebenden, initiierenden Energie kreatives Potenzial. **19** – Neun plus Eins bringt alles Begonnene zum Abschluss. **28** – wirkt ausgleichend und harmonisierend auf persönliche Macht.
Zweier-Tage	2 und 20 – zwei unterschiedliche Zweier. **2** – die Reinform des Drangs, Beziehungen zu knüpfen und ein Gleichgewicht zu finden **20** – die Null verleiht allen Beziehungswagnissen eine kreative Prägung.
Dreier-Tage	3, 12, 21 und 30 **3** – die reine Freude an Expansion und Kommunikation. **12** – das Bedürfnis, Begeisterung und Vorbehalte auszugleichen. **21** – darf eigene Bedürfnisse bei der Beschäftigung mit Ideen nicht übersehen. **30** – die Null verleiht allen kommunikativen Vorhaben einen kreativen Akzent.
Vierer-Tage	4, 13 und 31 **4** – der verständige, praktische Ausblick **13** – aufgeschlossen und kommunikativ, mit reichlich Hausverstand. **31** – pragmatische Information mit eigenwilligem Touch
Fünfer-Tage	5, 14 und 23 **5** – die Freiheit der unbeschwerten, freudigen Selbstdarstellung. **14** – eingeschränkte Beweglichkeit, gut im Planen. **23** – hat das Bedürfnis, andere in sämtliche Wagnisse und Reisen einzubeziehen.

Der Bedeutung der Tage

Sechser-Tage 6, 15 und 24

6 – der personifizierte (Liebes-)Partner und Fürsorger.

15 – versieht Beziehungen und Fürsorge mit einem Hauch von persönlichen Ideen.

24 – Gefallen am eigenen Heim und häuslichen Leben.

Siebener-Tage 7, 16 und 25

7 – der absolute Träumer und Poet.

16 – versucht Träume von einem friedlichen Leben zu verwirklichen.

25 – Ausgleich von Philosophie und Realität.

Achter-Tage 8, 17 und 26

8 – setzt sich machtvoll für Veränderungen ein.

17 – persönliche Philosophie hilft anderen, notwendige Veränderungen zu schaffen.

26 – fürsorglicher, Möglichkeiten eröffnender Mittler.

Neuner-Tage 9, 18 und 27

9 – kämpft für eine bessere Zukunft seiner Mitmenschen.

18 – versierter Krisenhelfer.

27 – Ausgleich von Philosophie und humanitären Gedanken.

Meisterzahlen-Tage 11, 22 und 29

Diese Tage verleihen sämtlichen persönlichen Vorhaben Erleuchtung und Spiritualität.

DIE ZAHLEN DES KARMA

Die Karma-, die Seelen- und auch die Antriebszahl werden vom Namen abgeleitet. Verwenden Sie den in Ihrer Geburtsurkunde aufgeführten Namen, ergänzend auch eventuell vorgenommene Namensänderungen. Wie Sie feststellen werden, kommen einige Zahlen mehrfach vor. Diese Karma-Zahlen zeigen, was Ihnen leicht fällt und was Ihnen Energie abverlangt. Die aus der Summe der Vokale in Ihrem Namen gewonnene Seelenzahl steht für den Urgrund Ihrer Existenz. Aus den Konsonanten Ihres Namens ergibt sich die Antriebszahl. Indem sie Ihren Willen repräsentiert, hilft sie Ihnen, zu einer in sich stimmigen Person zu werden. Als Summe aus Persönlichkeits- und Schicksalszahl steht die Reifezahl für das, worauf Ihr Leben hinausläuft.

Karma-Zahlen

1	9	6	6

H A R R I S O N   F O R D

8	9 9	1	5	6	9 4

Als Karma-Zahlen bezeichnen wir die in der Namenstabelle häufig vorkommenden wie auch die dort fehlenden Zahlen.

Diesen Zahlen sind bestimmte Energiemuster eigen. Die fehlenden Zahlen beziehen sich auf Dinge, die die Zeit zu dehnen scheinen und schwer zu bewältigen sind, die häufiger vorkommenden Zahlen dagegen verweisen auf Dinge, die Tempo ins Leben bringen und mit Spaß verbunden sind. Das Karma set sich aus unserem Streben und dem Lohn zusammen, den wir aus der Vergangenheit in die Gegenwart mitbringen.

Das Karma gilt als einer der Haupt pfeiler diverser östlicher Glaubenssysteme. Da es unserem Leben eine gew se Kontinuität und Bedeutung verleiht, hat das Karma zur Folge, dass all unser Tun für den Verlauf unseres Lebens wegs von Belang ist.

Wenn Sie Ihre Karma-Zahlen ermittelt haben, werden Sie eine deutliche Vorstellung von den Themen besitzen, die in Ihnen schlummern.

Die Karma-Zahlen ermitteln

Bitte lesen Sie noch einmal die Ausführungen über Harrison Ford auf Seite 76. Wie Sie feststellen werden, enthält dieser Name keine 2, 3 oder 7 als Konsonanten- oder Vokalzahlen. Wir schließ daraus, dass die Energien dieser Zahlen in der Persönlichkeit nicht vorkommen.

Achten Sie nun darauf, welche Zahlen in diesem Namen besonders häufig auftreten.

1 erscheint zweimal, 4 einmal, 5 einmal, 6 dreimal, 8 einmal und 9 viermal.

Der Name Harrison Ford enthält somit besonders viele Sechser und Neuner – die übrigen Zahlen treten weniger hervor.

Mann kann alles, was uns bewusst macht, wer wir sind und warum wir hier sind, als karmisch betrachten. Manche Menschen glauben sogar, dass selbst die Tiere, um die wir uns kümmern, für uns in einem anderen Leben von Bedeutung waren.

Errechnen der Seelenzahl

Bilden Sie anhand der Namenstabelle die Summe der Vokalwerte von Harrison Ford.

Die Addition der oberen Zahlenreihe ergibt die Meisterzahl des Architekten: Zweiundzwanzig (Ford arbeitete beim Film tatsächlich zunächst als Zimmermann.) Zweiundzwanzig enthält den Samen der praktischen Vier als Zahl des Realismus und materiellen Scharfsinns.

Harrison Ford besitzt somit die Seelenzahl Zweiundzwanzig.

Errechnen der Antriebszahl

Addieren Sie diesmal die Zahlenwerte der Konsonanten; dies ergibt **51 = 6**. Harrison Fords Antriebszahl ist die Sechs – das Streben nach harmonischen Beziehungen.

Gabe

Ein spirituelles Talent bringt große Freude trotz aller Mühen, es voll auszuschöpfen.

HAÜFIGE & FEHLENDE ZAHLEN: I

Manche Menschen sind musisch oder mathematisch begabt. Andere wiede-rum mühen sich in diesen Bereichen ab und geben schließlich auf. Eine Zahl, die bei uns nicht vorkommt, kann auf das hinweisen, was unserem Leben noch fehlt, um Ganzheit zu erlangen. Da dies Probleme mit sich bringen kann, sind viele Menschen nicht ausreichend motiviert, sich der Herausforderung zu stel-len. Wenn wir uns jedoch darauf einlassen, können wir mehr erreichen. In manchen Fällen ist die errechnete Summe mit der fehlenden Zahl identisch. Dies bedeutet, dass die Person eine Zahl, die ihr abgeht, mit ihrer gesamten Persönlichkeit zum Ausdruck bringen muss. Bei der in der Namenstabelle feh-lenden Zahl kann es sich auch um die Schicksalszahl handeln. Sie birgt zahl-reiche Entwicklungsmöglichkeiten in sich, da sie Einsichten in die karmi-schen Lehren bietet, denen wir be-gegnen müssen. Nachstehend erfah-ren Sie etwas über die Bedeutung, wenn in Ihrer Namenstabelle be-stimmte Zahlen fehlen oder gehäuft auftreten.

Auswirkungen

Viele Talente finden einen künst-lerischen Ausdruck, der auch andere Menschen erfreut.

Fünf

Mathematisches Talent ist oft mit dem Vorkommen der Fünf in der Namenstabelle gepaart.

Neun

Bei vielen Musikern kommt die Neun häufig vor, unterstützt durch die Fünf.

Häufige & fehlende Zahlen: II

Das gehäufte Vorkommen einer Zahl in der Namenstabelle unterstreicht die große Bedeutur eines bestimmten Lebensbereichs, der Form künstlerischer, technischer oder sozialer Talente zum Ausdruck kommer kann. Wer die entsprechende Energie nicht zu kanalisieren vermag, wird sie womöglich durch exzessives Verhalten ausdrücken, was für die Mitmenschen bisweilen problematisch sein kann.

Das Gegenteil der akzentuierten Zc ist die fehlende Zahl. Erlebt werden kann dies als völliges Desinteresse an den von der Zahl angedeuteten Dinge – oder aber als Obsession bzw. Problem, auf die Resonanz der Zahlen zu reagieren. Fest steht jedenfalls, dass w unsere Persönlichkeit stärken und abrunden, sobald wir uns der Herausforderung stellen – was auch immer di fehlende Zahl offenbart.

Bedeutungen	
1	**Ambition und Fokus; etwas leisten, der Erste sein wollen; starker Glaub** **Häufig** – sehr unabhängig und zielbewusst; Selbstdarstellung fällt leich **Fehlt** – zu sehr von anderen abhängig; muss Selbstvertrauen entwickel
2	**Kooperation; Teammitglied; bereit, andere zu unterstützen und zu vei** **Häufig** – guter Partner; liebt bedingungslos und ist großzügig. **Fehlt** – meidet andere; unsicher; muss Vertrauen und Offenheit lernen.
3	**Expansion; Lebenslust; will erkunden und lernen.** **Häufig** – enthusiastisch, aufgeschlossen, optimistisch, kommunikativ, lu: **Fehlt** – kalt, wertend, anspruchsvoll; muss eine positive Einstellung förd

Bedeutungen

4	**Struktur, Hausverstand; pragmatisch und realistisch; bodenständige Weisheit.** **Häufig** – ehrlich, praktisch, sinnlich mit starken physischen Gelüsten. **Fehlt** – unfähig, Ideen Form zu geben; muss sein Leben organisieren.
5	**Gedankenfreiheit, Kommunikation; freundlich, abenteuerlustig und humorvoll.** **Häufig** – intuitiv, kreativ; glaubt an das Gute im Leben; an allem interessiert. **Fehlt** – materialistisch; muss Risiken eingehen, ohne auf Ergebnisse zu schielen.
6	**Ausgeglichen, diplomatisch, attraktiv, magnetisierende Persönlichkeit.** **Häufig** – umsichtig, liebevoll, gelassen und ausgeglichen. **Fehlt** – brüsk und unhöflich; befremdet; muss Umgangsformen lernen.
7	**Philosophisch, gütig, mystisch, sensibel und fantasievoll.** **Häufig** – verfolgt humanistische Ideale und hegt Sympathie für alle Lebewesen. **Fehlt** – atheistisch, kleinlich; muss an sich selbst glauben.
8	**Kraftvoll, couragiert, an Menschen und ihren verborgenen Motiven interessiert.** **Häufig** – analytisch, psychologisch, verfolgt persönliche Umwandlung. **Fehlt** – kraftlos, leicht führbar; muss Eigenverantwortung übernehmen.
9	**Kämpft für Ideale, kreativ, selbstlos und karitativ.** **Häufig** – will eine bessere Welt; couragiert, interessiert am Gemeinwohl. **Fehlt** – unveränderlich und starr; ausweichend; muss Risiken eingehen.

Herzenssache
Die Seele bringt ihr Streben durch das Herz zum Ausdruck.

SEELENZAHLEN: I

Die Seelenzahl ergibt sich durch die Addition der Vokale in Ihrer Namenstabelle. Sie verweist auf den Urgrund Ihres Erdendaseins. Als besonders esoterische Hauptzahl ist die Seelenzahl ein numerisches Symbol für Ihr innerstes Streben, wie es seit Ihrer Kindheit durch das Herz zum Ausdruck kommen will. Sie wird stets positiv gedeutet, denn schließlich macht das Herz keine Fehler. Entscheidungen, die für Sie schmerzvoll sind, kommen nicht von Herzen, sondern aus dem Teil Ihres Egos, das dafür vorgesehen ist, Sie etwas zu lehren. Wenn Sie feststellen, dass Sie die gleiche Seelenzahl besitzen wie jemand, zu dem Sie in einer wertvollen (nicht unbedingt sexuellen) Beziehung stehen, so verweist dies auf eine karmische Verbindung zu diesem Menschen.

Wahre Liebe

Wenn wir verliebt sind, fühlen wir uns gesünder als sonst. Herzensangelegenheiten bilden die Stammwurzel der Seelenzahl.

Beziehungen

In unserem Leben gehen wir zahlreiche liebevolle Beziehungen ein.

Seelenzahlen: II

Die Seelenzahl gibt einen Hinweis darauf, wie wir Freude erleben und ausdrücken. Zugleich ist sie so etwas wie eine innere Stimme, die uns von unseren wahren Werten erzählt. und uns anstößt, wenn wir uns von unserem wahren Selbst entfernen. So ist es eigentlich kaum verwunderlich, dass wir nur selten auf diese Stimme hören.

Jede Zahl strebt danach, den Herzenswunsch auf eigene Art zu offenbaren. Angeregt wird dies durch die Seele, die wir alle miteinander teilen, da wir dem gleichen göttlichen Prinzip angehören.

Alle Seelenzahlen sind miteinander verträglich – wie könnte es auch anders sein? Der Vergleich mit der Seelenzahl eines geliebten Menschen zeigt uns neue Möglichkeiten, einander zu unterstützen und unsere Seelen durch Freude und Kreativität zu bereichern.

Die Seele ist unsere ständige Begleiterin und lebt, wie manche glauben, auch nach dem Tod weiter.

Was das Herz erfreut	
1	Ihr Herz will leuchten und sich in Ihrer Lebensweise und Ehrlichkeit gegenüber sich selbst widergespiegelt sehen; es dringt darauf, dass Sie zu Ihren Wahrheiten stehen.
2	Ihr Herz will, dass Sie Ihr Leben innig und liebevoll mit anderen teilen; es dringt darauf, dass Sie Ausgeglichenheit finden und möchte, dass Sie in Ihren Beziehungen wahre Werte zum Ausdruck bringen.
3	Ihr Herz will auf eine Weise kommunizieren, die Ihr Leben und das Leben Ihrer Nächsten verbessert; es dringt darauf, dass Sie das Beste in jedem Menschen hervorheben.
4	Ihr Herz will Ihrem Leben eine feste Struktur verleihen; es dringt darauf, dass Sie die Solidität des Erdendaseins erfahren und sehnt sich danach, seinen Träumen Form zu geben.

Was das Herz erfreut

5	Ihr Herz will Freiheit von Werturteilen und Liebe mit Vorbehalten; es dringt darauf, dass Sie sich offen und ehrlich ausdrücken und sich bei den Menschen, die Ihnen wichtig sind, Gehör verschaffen.
6	Ihr Herz will Schönheit und Gesellschaft in Ihrem Leben; es dringt darauf, dass Sie sich durch Ihre Kreativität ausdrücken und sehnt sich nach Harmonie und Frieden für alle Lebewesen.
7	Ihr Herz will das Recht auf Träume und den Ausdruck seiner inneren Visionen; es dringt darauf, dass Sie mit einem spirituellen oder humanitären Glauben verschmelzen, der es nährt – so wie Speisen Ihren Körper nähren.
8	Ihr Herz will, dass Sie ihm zuhören, um zu erfahren, worauf es Ihnen im Leben wirklich ankommt; es dringt darauf, dass Sie akzeptieren, nicht alles kontrollieren zu können und sich zugestehen, ein normaler Mensch zu sein.
9	Ihr Herz will, dass Sie den Mut aufbringen, jene Dinge, von denen Sie wissen, dass sie getan werden müssen, in die Tat umzusetzen; es dringt darauf, dass Sie sich an der Verwirklichung einer besseren Welt beteiligen.
11	Ihr Herz will, dass Sie anderen den Weg weisen und ein Erwecker sind, wenn alle anderen um Sie herum eingeschlafen sind; es dringt darauf, dass Sie Beziehungen suchen, die das Höchste in jedem zum Ausdruck bringen.
22	Ihr Herz will, dass Sie ihre Schlösser auf festem Grund errichten und junge Heroen und Götter lehren, Liebe und Licht in der Welt zu verbreiten; es dringt darauf, dass Sie eine Struktur errichten, die ewige Wahrheiten in sich birgt.

Der Wille

Die Antriebszahlen sind mit dem Willen – unserer inneren Antriebskraft – verbunden.

ANTRIEBSZAHLEN: I

Die Antriebszahl ergibt sich aus der Summe der Konsonanten in Ihrem Namen. Sie ist aufs Engste mit Ihrem Willen verknüpft und mit der Weise, wie Sie ihn gebrauchen. Gemeint ist nicht die „Willenskraft", vielmehr jener Wille, der die Hauptzahlen in Ihrem Leben zu einem integrierten, gut funktionierenden Ganzen gestaltet. Bei der Willens-funktion, wie sie durch die Konsonantenzahlen beschrieben wird, handelt es sich jedoch um aktive Macht, die leicht fehlgeleitet werden kann. Diese Zah-len sollten daher mit einiger Vorsicht interpretiert werden, zumal nicht jede Deu-tung durchweg positiv ausfällt. Doch das Leben würde sich ohne den Willen –im Sinne von konzentriert, aktiv, stark und versiert – niemals verändern oder verbessern. Leistungsträger verfügen oft über einen sehr starken Willen. Sanftmütig, mystisch und spirituell erscheinende Menschen besitzen bisweilen den stärksten Willen überhaupt. Zwei Menschen mit der gleichen Antriebszahl können gemeinsam an einem Strang ziehen – oder sich ständig in den Haaren liegen.

Konzentration

Der reinste Ausdruck des Willens.

Svengali

Fehlgeleiteter starker Wille birgt die Versuchung dunkler Machtausübung.

Antriebszahlen: II

Die Summe der Konsonanten eines Namens offenbart die Antriebszahl – den Willen. Dieser Begriff aus der Individualpsychologie ist nicht unumstritten, da man mit „Willenskraft" eine gewisse Strenge implizierte.

Der Wille ist gleichsam der Antriebsmotor unseres Lebens. Er verleiht uns die Energie, um unsere Aufgaben zu erfüllen, unsere Ambitionen zu verfolgen und bei Bedarf auch Berge zu versetzen. Ohne ausgeprägten Willen würde kaum etwas geschehen. Manchmal sagen wir, dass wir uns „treiben lassen" – womit gemeint ist, dass wir flexibel sind; doch dies kann auch Vermeidung bedeuten.

Die Antriebszahl kann partnerschaftliche Konflikte oder eine „Willenskollision" hervorrufen. Paradoxerweise handelt es sich hier um den gleichen Willen, den wir auch zum Entschärfen von Konflikten einsetzen und der uns befähigt, ein kreatives, erfülltes Leben zu führen.

Was die Antriebszahl über den Willen aussagt	
1	Ihre Willensenergie konzentriert sich auf die Befriedigung Ihrer Bedürfnisse, manchmal ungeachtet der Kosten. Ihr Antrieb initiiert Unternehmungen, die Ihre Kraft und Ihr Siegesstreben widerspiegeln.
2	Ihre Willensenergie konzentriert sich darauf, mit anderen zu verschmelzen und kann stark manipulierend wirken. Ihr Antrieb knüpft Beziehungen, die Sie über Ihre eigenen Motive aufklären.
3	Ihre Willensenergie konzentriert sich auf die Verbreitung des Wortes, gleich welchen Inhalts. Ihr Antrieb speist Botschaften, die Ihre Fähigkeiten und Talente ausschöpfen.
4	Ihre Willensenergie konzentriert all Ihre Gedanken auf Ihre persönliche Sicherheit, gelegentlich sogar unter Missachtung neuer Horizonte. Ihr Antrieb verleiht Ihren besten Ideen Gestalt.

Was die Antriebszahl über den Willen aussagt

5	Ihr Wille konzentriert sich auf das Erlangen persönlicher Freiheit, bisweilen ungeachtet Ihrer Verantwortlichkeiten. Ihr Antrieb veranlasst Sie, das zu lehren, was Sie selbst am meisten lernen müssen.
6	Ihr Wille konzentriert sich auf das Erreichen von Frieden und Harmonie, gelegentlich ohne Rücksicht auf die Kosten. Ihr Antrieb verleiht Ihnen die Energie, eine prachtvolle Umgebung zu schaffen.
7	Ihre Willensenergie konzentriert sich auf die Erfüllung Ihrer Träume, wobei Sie den Bezug zur Wirklichkeit verlieren können. Ihr Antrieb führt Sie zu einer praktischen Lebensphilosophie.
8	Ihre Willensenergie konzentriert sich auf die Herstellung einer Mittlerfunktion, häufig ohne Rücksicht auf andere. Ihr Antrieb lässt Sie unter der Oberfläche nach der Wahrheit suchen.
9	Ihre Willensenergie konzentriert sich auf die Veränderung Ihrer Welt und macht Sie bisweilen zu einem rechten Weltverbesserer. Ihr Antrieb bietet Ihnen die Gelegenheit, ein aktives Gemeindemitglied zu sein.
11	Ihre Willensenergie konzentriert sich darauf, Licht ins Dunkel des Lebens zu bringen, das manchmal jedoch besser ignoriert werden sollte. Ihr Antrieb bringt sie in Kontakt mit der okkulten und esoterischen Seite des Lebens.
22	Ihre Willensenergie konzentriert sich auf humanitäre Probleme, gelegentlich auf Kosten Ihres Privatlebens. Ihr Antrieb strebt danach, Ihren Willen auf den universalen Willen auszurichten.

Reifezahlen
Aus diesen Zahlen kann abgeleitet werden, dass Ihnen das Beste noch bevorsteht.

REIFEZAHLEN: I

Aus der Summe der Schicksals- und der Persönlichkeitszahl ergibt sich die so genannte Reifezahl. Sie zeigt an, worauf Ihr Leben hinauslaufen wird. Betrachtet man das Leben von Menschen, die es zu etwas gebracht haben, so erkennt man, dass sie ganz in ihrem Tun aufgehen. Die Auswirkungen der Reifezahl zeigen sich meist erst ab dem 50. Lebensjahr. Die Reifezahl kann eine Kombination aus zwei beliebigen Zahlen darstellen, etwa aus einer Persönlichkeits-Fünf und einer Schicksals-Eins; zusammen ergibt dies Sechs – die Zahl der Harmonie. Durch die Eins und die Fünf ziehen Krisen in das Leben ein, bis der Betreffende lernt, seine inneren Konflikte auszugleichen. Damit Sie Ihr Potenzial ausschöpfen können, muss Ihre Reifezahl auch irgendwo in Ihrer Namenstabelle vorkommen. Die Beziehung zu einem Menschen, dessen Zahlen Ihre Reifezahl widerspiegeln, wird die Entfaltung Ihres Lebenszwecks auslösen.

Der Magier
Wie die Tarotkarte des Magiers andeutet, ist die Wirkungskraft ein Talent, das mit Reife einhergeht.

Wahres Erwachsensein

Das Rentnerdasein kann die schönste Lebensphase darstellen.

Fürsorglich

Aufgrund ihres fürsorglichen Wesens sind Reife-Neuner die idealen Krankenpfleger und Sozialarbeiter.

Reifezahlen: II

Die nachstehenden Zahlen bilden die Summe der Persönlichkeits- und der Schicksalszahl. Die resultierende Reifezahl deutet an, wie die beiden Einzelschwingungen harmonisch miteinander verschmelzen können.

Manchmal weisen beide Komponenten auf einen harmonischen, stetigen Lebensweg hin. So etwa können die Eins und die Drei, die einander ohnehin ähneln, auf einen auch in späteren Jahren anhaltenden Erfolg als Schriftsteller oder Moderator hinweisen. Ihre Summe ergibt die Reifezahl Vier, wodurch finanzielle Sicherheit angedeutet wird.

Zwei sehr verschiedenartige Energie sind die selbstmotivierte Eins und die teamorientierte Zwei; beide sind vergleichbar mit einem Tennismatch, bei dem man zugleich miteinander und gegeneinander spielt.

Die resultierende Reifezahl Drei verweist auf eine spätere Karriere als Trainer oder Lehrer.

Reifezahlen	
1	**Der Spätentwickler.** Sie sind jemand, der langsam ganz nach oben klettert. Dort angelangt, wird Sie nichts mehr vom Weg abbringen. Individualität, basierend auf Erfahrung.
2	**Der versierte Vermittler.** Das Leben bietet Ihnen zahlreiche Einblicke in die verborgene Dynamik zwischenmenschlicher Beziehungen. Aus einer speziellen Beziehung lernen Sie mehr über sich selbst, als Sie sich vorstellen konnten.
3	**Der erfahrene Kommunikator.** Sie lernen sämtliche Kniffe, um Ihre Botschaft zu vermitteln. Mit zunehmender Reife werden Sie optimistischer und zuversichtlicher.
4	**Der praktische Idealist.** Das Leben zwingt Sie, all Ihre Ideen auf festem Grund zu verankern. In reiferen Jahren werden Sie einen soliden Erfahrungsschatz erworben haben, den Sie nach Belieben nutzen können.

Reifezahlen

5	**Der distanzierte Beobachter.** Es gelingt Ihnen, sich von Ihren inneren Konflikten zu befreien. Ihre Reisen durchs Leben lassen Sie erkennen, dass wahre Freiheit von innen kommt und niemals von äußeren Umständen abhängt.
6	**Die ausgeglichene Persönlichkeit.** Das Leben gibt Ihnen die Chance, Fähigkeiten zu erwerben, die Sie wachsen lassen. Diese bieten Sie anderen Menschen an, die schwierige Zeiten durchmachen, da Sie weise genug sind, um zu wissen, wie man den Menschen hilft und was ihnen am meisten dient.
7	**Der realistische Träumer.** Auf der Suche nach Spiritualität gelangen Sie zu einer schrankenlosen, großmütigen Philosophie über das Wesen des Menschen. Ihr Idealismus lehrt Sie, dass die Wahrheit viele Formen annimmt. Sie entwickeln die Fähigkeit, in der Welt zu leben, ohne ihr übermäßig verhaftet zu sein.
8	**Der geschickte Investor.** Erfahrungen nötigen Sie, Ihr Leben selbst in die Hand zu nehmen. Niemand wird erledigen, was Sie für sich tun müssen. Das Leben zeigt Ihnen, wie Sie Ihre Energien kanalisieren können, um sie wirksam einsetzen zu können.
9	**Der Fürsorger.** Ihre humanitären Ziele werden mit zunehmender Reife immer leichter erreichbar. Während Sie lernen, von Ihrer Intensität Abstand zu gewinnen, werden andere Ihren Idealen verständnisvoller gegenüberstehen.
11	**Der Magier.** Das Leben bietet Ihnen zahlreiche Gelegenheiten, für Ihre übersinnlichen Gaben die Verantwortung zu übernehmen. Es kommt auf Sie an! Je grauer Ihre Haare werden, desto mehr Menschen schätzen Ihre Einsichten.
22	**Der Meister-Mystiker.** Das Leben schenkt Ihnen die Möglichkeit, etwas aufzubauen, das Sie überdauern wird. Für die Welt kann dies enorm viel Gutes bedeuten. Sie müssen sich nur trauen, daran zu glauben.

PERSÖNLICHE HARMONIE UND SPIRITUALITÄT

Psychologen und Ehetherapeuten wissen, dass die Beziehung zum eigenen Ich die Grundlage für jede zwischenmenschliche Beziehung bildet. Die Numerologie vermittelt Ihnen einen intimen Einblick, sobald Sie begriffen haben, was die Hauptzahlen für Ihr eigenes Leben bedeuten. In Ihnen selbst besitzt jede Zahl eine eigene Persönlichkeit – mit speziellen Bedürfnissen und Motiven. Problematisch wird es, wenn die unterschiedlichen Persönlichkeiten gleichzeitig auf sich aufmerksam machen. Dem können Sie begegnen, indem Sie alle dazu bringen, wie ein traumwandlerisch taktsicheres Orchester die gleiche Melodie zu spielen. Manche Zahlen passen besser zueinander und führen zu innerer Harmonie, andere jedoch rufen Turbulenzen und Stress hervor. Auf diese Weise entsteht eine innere Unruhe, ein „göttliches Missbehagen", das uns antreibt, nach Antworten auf die wichtigen Lebensfragen zu suchen.

6
6
6
6
6
6
6

Ihre innere Beziehung

Verwirklichung

Auf Ihr eigenes Leben angewendet, werden die Zahlen lebendig.

Die komplexen Zusammenhänge dieses scheinbaren Labyrinths an Zahlen werden am besten anhand eines Beispiels entwirrt. Wir können die Informationen über Harrison Ford hier nicht analysieren, da wir, obwohl er vielen Menschen „bekannt" ist, seine Erlaubnis nicht haben. Sie können es aber auch selbst versuchen.

Jayne hat die natürlich fröhliche Persönlichkeit einer Sieben. Sie interessiert sich für neue Wege, sowohl geistig als auch körperlich. Sie lässt sich von neuen Ideen und Philosophien anregen. Neue Lebensweisen und andere Kulturen interessieren sie und wecken ihre Leidenschaft. Sie wird sich immer gut im Leben zurechtfinden; aber weil sowohl ihre Seelenzahl als auch ihre Willenszahl die Acht ist, wird das Leben nicht ganz ohne Herausforderungen ablaufen. Ihre vielleicht wichtigste Reise wird die Suche tief in ihrer eigenen Psyche sein, um lähmende Gewohnheiten zu entwurzeln. Jayne ist entschlossen, diese Veränderungen in ihrem Wesen vorzunehmen, die sich unweigerlich auf ihren gewählten Lebensweg auswirken werden. Sie arbeitet hart daran, überholte Muster zu überwinden, hat sich einer Psychotherapie unterzogen und studiert verschiedene mystische Themen.

Die fehlenden geraden Zahlen Zwei, Vier und Sechs bedeuten, dass sie das Gleichgewicht in ihrem Leben finden und die Dinge unaufgeregt betrachten muss. Jayne berichtet, sie verfolge sehr begeistert ihre Interessen (Sieben-Persönlichkeit), und sie sei eine Alles-oder-nichts-Person. Die Schicksalszahl Drei verbindet sich mit der Persönlichkeit Sieben und macht sie zu einer Pionierin und Innovatorin in ihrem Leben. Die Reifenummer Eins (3 + 7 = 10 = 1) bedeutet, dass sie etwas Einzigartiges erschaffen wird.

Harrison Ford

Geburtsdatum: 13. Juli 1942
Persönlichkeitszahl – 1
Seelenzahl – 22
Schicksalszahl – 9
Antriebszahl – 6
Häufige Zahlen – 6 und 9
Fehlende Zahlen – 2, 3 und 7
Reifezahl – 1

Jayne Lisa Harris

Dies ist die Namenstabelle einer Klientin, die mir gestattet hat, ihre Daten in diesem Buch zu verwenden:

Geburtsdatum: 6. Dezember 1974
Persönlichkeitszahl – 7
Seelenzahl – 8
Schicksalszahl – 3
Antriebszahl – 8
Häufige Zahlen – 1 (gleich 6-mal)
Fehlende Zahlen – 2, 4 und 6
(nur gerade Zahlen)
Reifezahl – 1

Weissagung und Zeitphasen

Im Kapitel über Weissagung werden wir Jaynes Lebensgeschichte fortführen und zeigen, wie sich die Zahlen in ihrem Leben entfaltet haben.

Individualität

Jeder Mensch ist aufgrund seiner speziellen Zahlen einzigartig.

KOMBINATIONEN EINS BIS VIER: I

Bei der Analyse einer Namenstabelle sind sieben verschiedene Kategorien zu berücksichtigen. Jede Zahl strebt danach, sich zum Ausdruck zu bringen; erst die Kombination dieser Ausdrucksformen macht unsere Individualität aus. Als unverfälschte Energien stehen die Zahlen Eins bis Vier für die vier Elemente (Feuer, Wasser, Luft und Erde) und die vier Himmelsrichtungen. Dieses Kapitel beschreibt die Beziehungen zwischen den Zahlen, und zwar nicht wie etwa die Seelenzahl als Träger einer Funktion, sondern schlichtweg als Zahlenkombinationen. Die Nuancen zwischen der Seelen- und der Antriebszahl werden besser verständlich, wenn Sie sich diese als Energien des Herzens (Liebe) und des Willens vorstellen. Die Seelenzahl können Sie liebevoll mit dem Herzen deuten, die Antriebszahl jedoch eher rigoros mit dem Willen. Wichtig ist, dass Sie die Kombination zweier Zahlenenergien nicht mit der Summe dieser Zahlen gleichsetzen. Betrachten Sie nicht die entstehende Summe, sondern die Form ihrer Vereinigung.

Mit Liebe

Jede Zahlenkombination sollte stets met einer positieven, liebevollen Einstellung analysiert werden.

Doppelte Vier

Die vier Elemente können den vier Himmelsrichtungen zugeordnet werden.

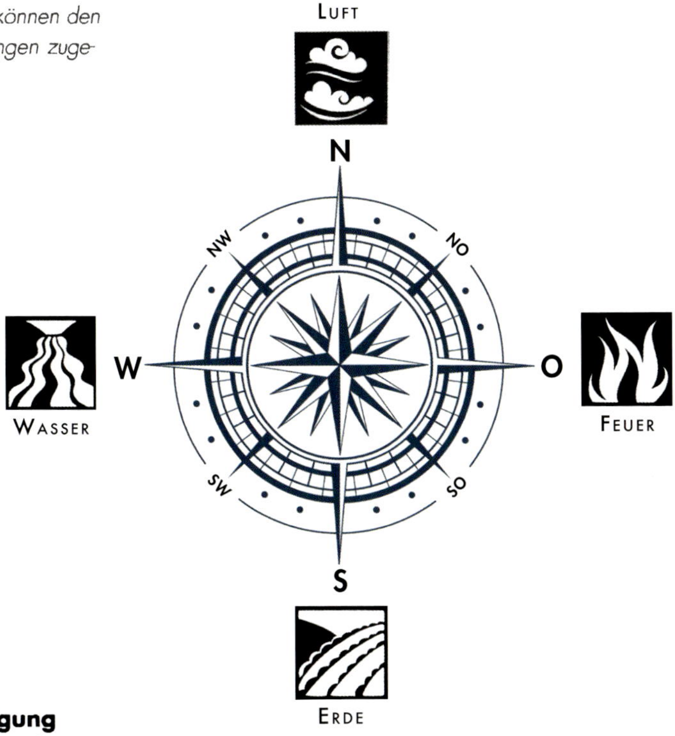

Innere Vereinigung

Die beiden Gehirnhälften interpretieren zwei Wirklichkeiten: die materielle und die intuitive Realität.

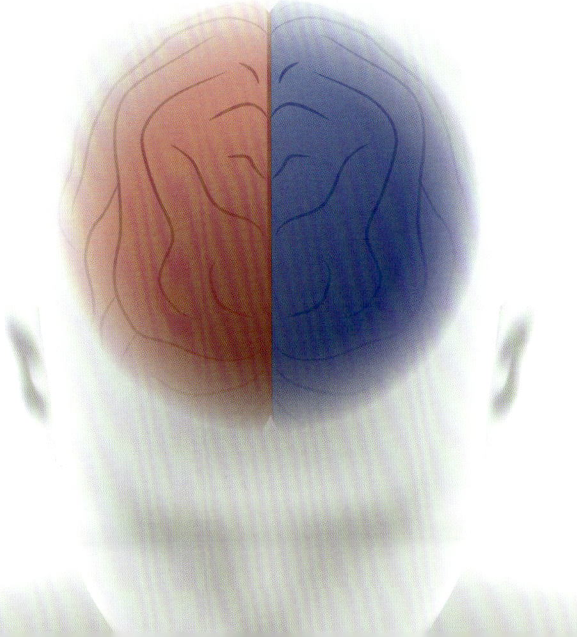

Kombinationen Eins bis Vier: II

Niccolò Machiavelli
Urtyp der Kombination aus Drei und Acht.

Die folgende Übersicht zeigt, wie die kombinierten Zahlenprinzipien in einer Person zusammenarbeiten können. Viele Zahlenkombinationen besitzen positive wie negative Bedeutungen. Mit zunehmender Vertrautheit werden sich auch Ihre Erkenntnisse erweitern. Die Natur der einzelnen Zahlen ergibt jeweils eine spezielle Kombination. Üben Sie mit den Zahlen Ihrer Liebsten, um Ihre Kenntnisse zu erweitern und Ihre Intuition zu entwickeln.

Eins - der Drang zu handeln - ergibt folgende Kombinationen:	
Eins	Doppelte Aktion und völlige Konzentration oder zu viel Ich-gerichtete Kraft.
Zwei	Vereint Ich-Antrieb und Mitgefühl oder ergibt Unentschlossenheit.
Drei	Vereint Aktion und Weitergabe von Information. Redselig.
Vier	Kann zu maßvollem Handeln oder Aufbau innerer Frustration führen.
Fünf	Freiheitsdrang. Leidenschaftlicher Verfechter von Ideen oder zu subjektiv.
Sechs	Hang zur Perfektion. Kreativ. Kann zu nachgiebig und selbstgefällig werden.
Sieben	Der ewige Student. Kann zu zurückhaltend sein. Wirklichkeitsflucht.
Acht	Drang zum Abriss und Neuaufbau. Kann seinen Machtantrieb überdehnen.
Neun	Der soziale Aktivist. Verfolgt Ideale. Kann ein politischer Langweiler werden.

Zwei - der Beziehungsdrang - ergibt folgende Kombinationen:

Zwei	Verdoppelter Beziehungsdrang. Kann zu versöhnlich sein.
Drei	Versöhnung und Ausgleich durch Worte. Kann verbal manipulieren.
Vier	Häuslichkeit. Die beiden statischen Energien vermeiden Handlung.
Fünf	Benötigt emotionale Freiheit. Kämpft mit familiären Verpflichtungen.
Sechs	Fürsorger und Heiler. Kann in Beziehungen nach Vollkommenheit suchen.
Sieben	Bedingungslose Liebe. Kann sich in unerreichbare Menschen verlieben.
Acht	Wird von mächtigen Partnern angezogen. Kann emotional manipulieren.
Neun	Glaubt stark an Ideale. Kämpft nach Kräften für eine bessere Welt.

Drei - der Drang zu kommunizieren - ergibt folgende Kombinationen:

Drei	Der Reisende oder Lehrer. Verbreitet das Wort. Möglicherweise geschwätzig.
Vier	Der Autor. Verleiht Worten Gestalt. Kann wortkarg sein oder stottern.
Fünf	Informationsfreiheit. Kraftvoll, doch auf Mitgefühl angewiesen. Arrogant.
Sechs	Schöne Worte – der Poet. Harmonische Stimme. Minnesänger, Botschafter.
Sieben	Kann Träume in Worte fassen. Sciencefiction- oder Fantasyautor.
Acht	Der Propagandist und Pressesprecher. Scharfsinnig, machiavellistisch, gewieft.
Neun	Lebhafter Denker und Kommunikator. Kann in Wortgefechte hineingeraten.

Vier - der Drang zur Struktur - ergibt folgende Kombinationen:

Vier	Verewigt alles in Stein. Kann unbeweglich oder bigott sein.
Fünf	Vereinigung konkreter/abstrakter Ideen. Fantasievoller Lehrer, Schreibblockade.
Sechs	Einfühlsamer Heiler/Chiropraktiker. Verleiht Schönheit Gestalt. Der Bildhauer.
Sieben	Praktischer Idealismus. Bereist den Globus auf der Suche nach Visionen.
Acht	Der Bankier. Kann allem Materiellen stark verhaftet sein. Snobistisch.
Neun	Strukturiert den Drang zur Weltveränderung. Der Soldat oder Freiheitskämpfer.

Die Chakras

Die einzelnen Funktionen dieser Energiesysteme des menschlichen Körpers stehen in direkter Verbindung zur Symbolik der Zahlen Eins bis Sieben. So werden die Chakras dann auch eher mit einer Zahl als nach ihrer Position bezeichnet.

KOMBINATIONEN FÜNF BIS NEUN: I

Eine Zahl, die in einer Namenstabelle häufiger vorkommt, verstärkt die jeweiligen Aspekte, die sie repräsentiert. Fehlende Zahlen jedoch erschweren, was sie ihrer Bestimmung nach fördern sollen. Da es sich um Karma-Zahlen handelt, sind ihre Schwingungen von Bedeutung für das allgemeine Glück. Die Schwingungen der Zahlen Fünf bis Neun bestehen aus zunehmend subtileren Energien. Die Fünf inspiriert abstrakte Vorstellungen, die von der Neun vollendet werden. All diese Energien sind im Leben eines Menschen vorhanden, und niemand besteht allein aus einer Zahl. Eine Zahl mag in der Namenstabelle noch so oft vorkommen, dennoch wird ihre Wirkung durch die anderen Zahlen beeinflusst. Wenn sich jemand vielleicht wie eine einzige Zahl verhält, bedeutet dies nur, dass seine Energie blockiert ist und er unfähig oder nicht bereit ist, diese zu stimulieren. Daher kann es zu den Aufgaben des Numerologen gehören, das Freisetzen von Energien zu erleichtern oder anzuregen.

Traum des Mystikers

Suche nach innerem Frieden und Harmonie durch Herstellen eines Gleichgewichts zwischen den Chakras.

7 Der Scheitel (Zirbeldrüse): höchster spiritueller Punkt
6 Das Dritte Auge (Hirnanhangdrüse): steuert die Intuition
5 Der Hals (Schilddruüse und Nebenschilddrüsen): kreatives Zentrum
4 Das Herz (Thymusdrüse): Ausgleich von höheren und niederen Impulsen
3 Der Solarplexus: Zwerchfell und Zentrum des Willens
2 Der Nabel: Das sexuelle und emotionale Zentrum
1 Die Wurzel: Zentrum des Instinkts und Verbindungspunkt mit der Erde

Kombinationen Fünf bis Neun: II

Frieden
Regungsloses Verharren ist ein Spiegelbild innerer Ruhe.

In jungen Jahren meist als Zwei und Vier erscheinend, treten die Meisterzahlen erst spät hervor, wenn jemand im Leben Fuß gefasst hat und mit den Meisterschwingungen umgehen kann.

Die Elf äußert sich als Impuls, die Menschheit zu erleuchten und auf die esoterischen Lebensebenen aufmerksam zu machen. Die Zweiundzwanzig speist sachlichen Ehrgeiz und erzeugt das Verlangen nach Durchsetzung sozialer Reformprogramme in Verbindung mit den hinzutretenden Zahlen.

Innere Harmonie & Spiritualität

Die Zahlen Fünf bis Neun beinhalten den Impuls, mit anderen und für andere zu arbeiten. Da die beiden Meisterzahlen über das Soziale hinaus in die politische Arena vorstoßen, müssen Sie sehr darauf achten, wie Sie die übrigen Zahlen in Ihrem Profil zum Ausdruck bringen.

Diese einst streng gehüteten Geheimnisse sind heute allgemein verfügbar und bieten uns die Möglichkeit, uns besser zu verstehen und zu befähigen.

Innere Harmonie setzt voraus, dass man die verschiedenen, für den Charakter verantwortlichen Energien erkennt und akzeptiert. Diese Harmonie ist mit einem Orchester und seinem Dirigenten vergleichbar. Sobald Sie in der Lage sind, Ihre inneren Energien zu harmonisieren, werden Sie Ganzheit und innere Gesundheit erleben.

Auf diese Existenzebene haben Sie ein natürliches Anrecht, wenngleich ihr manche Menschen mystische Eigenschaften zuschreiben.

Fünf - der Freiheitsdrang. Folgende Kombinationen:

Fünf	Freude am Ergründen von Ideen. Freiheit und Wissen, geistige Erschöpfung.
Sechs	Der Kunsthistoriker oder -kritiker. Ausgewogene Ideen. Zu perfektionistisch.
Sieben	Der kosmische Cowboy. Den Ideen verschrieben. Der Wahrheitssucher.
Acht	Konzepte, die das Leben nachhaltig verändern. Psychoanalyse. Propaganda.
Neun	Verwirklicht sozialpolitische Ideale. Der Freiheitskämpfer oder Terrorist.

Sechs - der Drang nach Harmonie und Schönheit. Folgende Kombinationen:

Sechs	Der Urvermittler. Schönheit, mit Heilung kombiniert. Süchtig nach Perfektion.
Sieben	Glaube an Harmonie. Allseitiges Wohlwollen. Liebt mit Hingabe.
Acht	Wandlungskraft der Liebe. Die Kurtisane. Geld für Liebe.
Neun	Ausgleich zwischen Handeln und Idealismus. Verlust von Gleichgewicht.

Sieben - der Drang nach Idealismus. Folgende Kombinationen:

Sieben	Reist mit dem Finger auf der Landkarte. Erkunden und Grenzen überschreiten.
Acht	Glaube an das Materielle. Realistisch. Kann atheistisch und zynisch sein.
Neun	Der Reformer. Widmet sich den höchsten Idealen. Unrealistisch.

Acht - der Drang nach tief greifendem Wandel. Folgende Kombinationen:

Sieben	Reist mit dem Finger auf der Landkarte. Erkunden und Grenzen überschreiten.
Acht	Glaube an das Materielle. Realistisch. Kann atheistisch und zynisch sein.
Neun	Der Reformer. Widmet sich den höchsten Idealen. Unrealistisch.

Neun - der Drang nach sozialem Idealismus. Folgende Kombinationen:

Neun	Auf soziale Probleme konzentriert. Ignoriert sein Privatleben.

VEREINBARKEIT VON BEZIEHUNGEN

Die Numerologie lässt uns erkennen, wie die Menschen miteinander umgehen und in verschiedenen Lebenslagen von ihren Beziehungen profitieren. Zu unseren Mitmenschen unterhalten wir auf ganz unterschiedliche Weise Kontakt – je nachdem, ob unsere Beziehung zu den Eltern, unserem Liebespartner, zum Chef, zu Freunden oder vielleicht auch unserem Zahnarzt gemeint ist. Die Numerologie klärt Sie darüber auf, warum eine Freundin mit einem Partner verheiratet ist oder zusammenlebt, den Sie für unpassend halten. Auch wenn Sie mit den intimen Vorgängen nicht weiter vertraut sind und die Beziehung nicht aus der Nähe verfolgen, werden Sie zunehmend besser verstehen, in welcher Weise beide Partner ihre wechselseitigen Bedürfnisse befriedigen – indem Sie sich mit der Anordnung ihrer Zahlen beschäftigen.

8
8 8 8 8 8 8

Jaynes Beziehung

Verliebte Zahlen
Bestimmte Zahlen finden einander unwiderstehlich – nicht anders als manche Menschen.

Jeder Mensch ist anders und hat ganz bestimmte Bedürfnisse. Und jede Beziehung beschert uns etwas, sei es eine Erfahrung, Lektion oder auch nur den Beschluss, so etwas nie wieder zu tun. Indem wir den Pfad zur Aufdeckung von Talenten und karmischen Bindungen aufzeigen, sind wir gleichermaßen Wegweiser für unser aller Wachstum.

Auch wenn in einer Beziehung nur zwei Personen involviert sind, sagt uns die Numerologie, dass es unter der Oberfläche komplizierter zugeht. Jede Namenstabelle enthält viele verschiedene Zahlen und jede von ihnen stellt eigene Anforderungen an die Beziehung.

Auswertung

Jayne Lisa Harris, unser früheres Beispiel, hat die Persönlichkeitszahl Sieben, die Schicksalszahl Drei. Obwohl ihre Persönlichkeitszahl eine Acht enthält, besteht ihr Name fast ausschließlich aus ungeraden Zahlen, viele davon Einsen. Ihr fehlen Zwei, Vier und Sechs (siehe Seite 149). Zu welchen Zahlen wird sie ihr Höheres Selbst hinziehen, damit sie Ganzheit, Gesundheit und Glück erlangen kann?

Die Namenstabelle von Jaynes Ehemann (Daten aus Datenschutzgründen nicht gezeigt) enthält die Persönlichkeitszahl Eins und die Schicksalszahl Elf (oder Zwei). Sie waren mehrere Jahre verheiratet. Seine Persönlichkeitszahl Eins hat Jayne geholfen, unabhängig zu werden und ihren eigenen Interessen zu folgen. Seine Seelennummer ist Acht, die die Acht in den Zahlen von

Jayne verstärkt, und obwohl sie gemeinsame Ziele hatten, erwies es sich letztlich als zu schwer für beide, sich damit auseinander zu setzen, und sie trennten sich.

Die Zahl seines geheimen Selbst ist Zwei, die von Jayne Acht. Das ist für beide eine Herausforderung, denn jeder findet es schwierig, wenn der andere seinen starken Willen durchsetzt. In jedem „Kampf" kann die Acht die Zwei aushebeln, was aber immer zu einer Unterbrechung der Kommunikation führt, die viel grüblerische Stille mit sich bringt.

Die Reifezahl Eins von Jayne und die Reifezahl Drei ihres Mannes ergeben zusammen eine Vier. Dies sorgte für eine gute Familienstruktur für die Kindererziehung. Die Stärke der Persönlichkeitszahl Sieben erwies sich jedoch als zu unabhängig, als dass Jayne in der Ehe hätte bleiben können. Sie haben deshalb beide die Freiheit gesucht, ihre Kreativität auf neue Weise zu entwickeln.

Was Zahlen mitteilen

Ob zwei Menschen zueinander passen, lässt sich dank der Numerologie leicht ermitteln. Wer die Zahlen zweier Partner genau untersucht, wird erkennen, warum sie sich voneinander angezogen fühlen.

Glückseligkeit
Wenn wir unsere Verträglichkeit mit anderen Zahlen kennen, werden wir besser verstehen, warum diese eine Person so wichtig für unser Leben ist.

PARTNER: EINSER & ZWEIER

Die aufgeschlossene, anstoßende und voller Selbstvertrauen steckende Eins und die sorgsamere, bedächtigere Zwei bilden ein ideales Paar. Die Zwei sagt „Du zuerst" – genau richtig für die Eins, die nach dem Motto „ich zuerst" denkt. Dieses Beispiel steht für ein Ideal oder einen Archetyp. Auch gleichzahlige Menschen finden einander sehr attraktiv, da sie mit den Schwingungen des anderen vertraut sind. Zwei Einser führen meist eine sportliche, aktive Ehe – prima, solange man die gleichen Ziele verfolgt. Zweier finden häufig andere Zweier, mit denen sie zu Hause bleiben können, um ihre Seelenverwandtheit und ihre Ähnlichkeiten zu genießen. Sofern sie sich regelmäßig von ihrer wechselseitigen Faszination lösen und auch einmal Alleingänge unternehmen, schadet das nicht.

Energische Einser
Gegeneinander anzutreten wirkt auf Einser ungemein herausfordernd.

Zwei Einser

Diese Beziehung kann Spaß machen, solange man die gleichen Ziele anstrebt – sei es der nächste Dreitausender oder die nächste Million.

Friedvolle Zweier

Ruhe und trautes Heim – hier fühlen sie sich wohl.

Beziehungen: Einser & Zweier

Zweisamkeit
Manche Zahlen passen von Natur aus zueinander, bei anderen ist es etwas mühsamer.

Einser versprechen in all ihren Beziehungen Aufregung, Aktivität, körperliche Leidenschaft und Spaß. Mit Dreiern könnten sie förmlich abheben. Vierer empfinden sie als sinnlich, manchmal aber auch als Hemmnis. Zu Fünfern verhalten sie sich intensiv und streitsüchtig. Mit Sechsern gehen Freundschaft und Teilen Hand in Hand. Mit Siebenern klappt es nur, solange sie greifbar sind. Mit Achtern liefern sie sich Machtkämpfe. Neuner finden sie anregend, doch nicht genug an ihren persönlichen Belangen interessiert.

Im Berufsleben kann die flotte, aufstrebende Eins in einer Mitarbeiter-Zwei einen sehr dienlichen Mannschaftsspieler und kooperativen Reservespieler für schwierige Zeiten erblicken.

Einser haben keine Probleme mit Arbeitsbeziehungen, sofern ihre Bewegungsfreiheit und Spontaneität nicht eingeschränkt werden. Ein Vierer-Chef mag einschränken, doch er kann der Eins Selbstkontrolle beibringen. Insgesamt aber fühlen sich Einser in einer freiberuflichen Existenz glücklicher – mit Zweiern und Sechsern als Angestellten.

Zweier und Beziehungen

In jedem Berufszweig kann die intuitive, sensible Zwei in einer Eins als Verkaufsleiter ein nützliches Talent erblicken. Zweier unterstützen ihre Kollegen und vergessen niemals einen Geburtstag. Dreier oder Vierer als Chefs werden jedoch Intellekt mehr schätzen als Intuition. Zwei und Vier könnten auch gut einen Familienbetrieb unterhalten.

In allen Beziehungen sind Zweier emotional, sensibel und sorgfältig in ihrer Wortwahl. Mit Dreiern sind sie expansiv und reiselustig. Vierern können sie körperlich zugetan sein und mit ihnen ein heim gründen. Mit Fünfern gibt es zu viele Worte und nicht genug Emotionen. Mit Sechsern dominieren Teilen und die Schaffung schöner Dinge. Mit Siebenern kommen womöglich nicht alle Emotionen der Zwei zum Ausdruck. Achter können die Empfindlichkeiten der Zwei leicht verletzen. Und Neuner ermutigen sie zum hegen und Pflegen. Als Eltern müssen Zweier lernen loszulassen und ihren Kindern erlauben, Risiken einzugeben, ohne ihnen Furcht einzuflößen.

Passend oder nicht

Viele Menschen finden, dass Beziehungen eine wahre Kunst sind und reichlich Übung verlangen. Naturtalente würde gute Partnerschaftsberater abgeben.

PARTNER: DREIER & VIERER

Drei und Vier sind in punkto Lebensausdruck und Reaktionen völlig verschieden. Dreier sind mitteilsam und wollen das Leben ausschöpfen. Vierer sind eher bedächtig und kontrolliert. Wenn Dreier Klavier spielen, kommen sämtliche Noten und Akkorde zum Einsatz. Vierer jedoch sind minimalistisch und benutzen für die Melodie nur zwei Finger. Konflikte zwischen beiden kommen bei ihrem Umgang mit Geld zum Ausdruck: Dreier geben aus und Vierer sparen. Eine Beziehung aus zwei Dreiern kann eine Menge Flugtickets und Visa bedeuten. Man findet einander geistig anregend und kann bis tief in die Nacht über den Sinn des Lebens diskutieren. Vierer empfinden einander häufig als zu strukturiert und hartnäckig. Ihre Beziehungen haben stets etwas überaus Geschäftsmäßiges an sich, da sie ein Bedürfnis nach Sicherheit und Eigentum haben. Vierer heiraten nicht selten in fortgeschrittenem Alter, eher aus wirtschaftlichen als emotionalen Gründen. Vielleicht betreiben sie eine gemeinsame Firma. Bisweilen leben Vierer ohne viel Kontakt Seite an Seite.

Nutznießer
Dreier führen ein Privatleben, von dem alle Mitbewohner nur profitieren können.

Beschauliche Landschaft
Vierer suchen auch in ihren Beziehungen nach Ruhe und Gelassenheit.

Freie Fahrt
Dreier können das Bedürfnis haben, ein Wohnmobil anzuschaffen, um die ganze Familie auf ihren Reisen mitzunehmen.

Beziehungen: Dreier & Vierer

Gemeinsam wachsen
Vierer kümmern sich um ihre Familie ebenso liebevoll wie um den eigenen Garten.

Wie bereits angedeutet, sind Dreier und Vierer besser in einer Geschäftsbeziehung aufgehoben als in einer Ehe.

Geistreih, unbekümmert und lebhaft, wirken Dreier geistig anregend. Sie haben es gern, wenn Zweier zu Hause auf sie warten. Sechser helfen ihnen, ihre zahlreichen Bekannten zu bewirten,ohne mit der Wimper zu zucken. Zusammen mit Neunern unternehmen sie kreative Wagnisse, die die Welt entflammen. Mit Fünfern wird man sie vielleicht zuletzt beim Packen für eine Andenreise gesehen haben.

Im Beruf sind Dreier am glücklichsten in der Übersetzungsabteilung oder bei der Bewirtung ausländischer Besucher. Einen Vierer-Chef empfinden sie als zu begrenzt, weshalb sie sich vielleicht nach einem anderen Job oder einer freiberuflichen Tätigkeit umsehen. Ein Achter als Steuerberater könnte ihnen helfen, ihre Finanzen zu ordnen.

Als Eltern können Dreier ihren noch lange nicht schulreifen Kindern griechische Sagen vorlesen, ohne sich um regelmäßige Mahlzeiten zu kümmern, ganz zu schweigen von ungekämmten Haaren und fehlenden Knöpfen.

Vierer und Beziehungen

Vierer sind durchweg sinnlich, stetig und zuverlässig. Bei Fünfern können sie das Gefühl haben, dass sie rennen müssen, um Schritt zu halten. Siebener können

ihnen den Eindruck vermitteln, dass ihr Boot ein Leck hat. Vierer sprechen meist eine andere Sprache als die emotionale Zwei, Sieben und Neun, die ihnen eine neue Lebenshaltung vermitteln. Mit Sechsern gehen sie tragfähige Freundschaften ein, die jede Romanze überdauern.

Da Vierer ehrlich und arbeitsam sind und in aller Ruhe langfristige Ziele verfolgen, müssen sie von Zahlen umgeben sein, die sie aus den eingefahrenen Gleisen werfen. Dreier werden eine Auslandsreise vorschlagen, während Zweier auf eine Fusionierung hinarbeiten. Fünfer sitzen für Vierer nicht lange genug still. Ihre Kinder ermutigen Vierer zum sparsamen Umgang mit dem Taschengeld und motivieren sie zu körperlichen Aktivitäten.

Grundsolide

Vierer sind unerschütterlich, wenn sie mit dem Herzen dabei sind. Da sie Stetigkeit und Solidität in die Beziehung einbringen, kennen sie das Gefühl nicht, heute hier und morgen dort zu sein.

PARTNER: FÜNFER & SECHSER

Soziales Gespür ist kennzeichnend für die Beziehungen der Fünfer und Sechser. Die kontaktfreudige Fünf will das Wort verbreiten und sehnt sich nach Publikum, während die magnetische Sechs andere durch Schönheit, Ehrlichkeit und Aufgeschlossenheit anzieht. Beide Zahlen räumen ihren Partnern Unabhängigkeit ein. Ihre Beziehung zueinander kann romantisch und stimulierend sein und sich zu einer wahren Freundschaft entwickeln. Zwei Fünfer gehen gern gemeinsam aus. Die besten Kneipen und Restaurants in der Nachbarschaft sind ihnen bekannt. Dort werden sie jedoch nur selten für sich sein, da sie jeden kennen und stets eine Gruppe um sich scharen. Diskussionen und Debatten sind ihr Lebenselixier. Die stets freundlichen Sechser verkörpern den Archetyp des Liebenden. Da Sechser romantisch, sinnlich und empfänglich für die Bedürfnisse anderer sind, verlieben sie sich gern. In jeder Art von Beziehung sind sie gute, wenngleich manchmal auch kühle und reservierte Partner. Ihr Motiv ist eher Liebe denn Leidenschaft. Zwei Sechser führen eine Ehe, die sie befähigt, sich in die Welt hinauszuwagen. Zusammen mit Fünfern bieten sich den Sechsern noch mehr Möglichkeiten, die man gemeinsam erproben kann.

Lecker

Gesellige Sechser sind gern von vielen Menschen umgeben.

Dinner für Sechs

Exotische Gerichte und erlesene Weine stehen für Sechser auf der Tagesordnung.

Lasst Blumen sprechen

Sechser vergessen niemals, die passenden Blumen zu schenken.

Restaurant-Tester

Fünfer lieben es, mit ihren Partnern fremde Speisen zu kosten.

Beziehungen: Fünfer & Sechser

Freiheit

Die Beziehung zu einer Fünf kann ein nie vorhersehbares, doch stets anregendes Leben bedeuten.

Fünfer und Beziehungen

Fünfer sind in all ihren Beziehungen auf ständige geistige Anregung und Kommunikation angewiesen. Nichts fürchten sie mehr als das eisige Schweigen ihres Gesprächspartners.

Dreier-Partner entfernen sich bisweilen zu sehr von den ausgetretenen Pfaden, wenngleich sich Fünfer später gern davon berichten lassen. Auf Reisen schätzen Fünfer Karte und Kompass; die vagen Richtungsangaben der Siebener finden sie verwirrend. Fünfer und Siebener scheinen manchmal zwei verschiedene Sprachen zu verwenden. Mit Achtern kann schon einmal Streit darüber entstehen, wer für die Finanzen zuständig ist.

Im Beruf halten Fünfer stets alle auf dem Laufenden. Vierer-Chefs können auf die geistige Agilität und Kreativität der Fünfer vertrauen. Mit Neunern können Fünfer für ihre Gemeinde ein funktionierendes Spendenprogramm erarbeiten, mit Einsern planen sie einen aktiven Betriebsausflug.

Fünfer verstehen es, ihre Kinder für fast alles zu interessieren, doch womöglich fällt es ihnen schwer, ein Kind zu verstehen, das eher verschlossen ist.

Sechser und Beziehungen

Sechser lieben die frühen Phasen des Verliebtseins. Da sie mit Beziehungen umgehen können, finden sie stets einen Kompromiss, bei dem niemand zu kurz kommt. Durchweg unparteiisch und gerecht, achten Sechser auf die Bedürfnisse ihrer Liebespartner. Indem sie allen freundlich begegnen, fühlen sie sich in Beziehungen mit Siebenern, Neunern und Zweiern gleich glücklich. Dreier können problematisch sein, da ihre Begeisterung den Fünfern nicht subtil genug erscheint, während Achter das rechte Maß an vertretbarer Leidenschaft mitbringen.

Sechser arbeiten gern im Gesundheits- und Schönheitsbereich, wo sie von ihrem freundlichen Auftreten profitieren. Vierer- und Achter-Chefs sind ihnen am liebsten. Zudem wissen sie die humanitäre Grundeinstellung der Neuner zu schätzen. Sechser achten sehr auf Kleidung und das Äußere ihrer Kinder. Im Extremfall kann dies dazu führen, dass sie ihren Nachwuchs in eine Modelkarriere drängen.

Die Kunst des Liebens

Sechser sind Meister der Beziehungskunst. Da sie in den sinnlichen Künsten bewandert sind, wissen sie zu verhindern, dass die Liebe ihres Partners erkaltet.

SIEBENER, ACHTER & NEUNER Die drei letzten Zahlen suchen in ihren Beziehungen mehr als Hausgemachtes und selbst gestrickte Socken, da dies ihrer Lebenshaltung, die über den Tellerrand hinausreicht, nicht entspräche. Viele Siebener und Achter sind von „göttlichem Missbehagen" erfüllt und daher ständig Suchende. Ihre Heimat ist dort, wo sie sich zufällig gerade aufhalten. Menschen, die sie lieben, betrachten sie nicht als Besitz. Siebener ziehen es meist vor, längere Zeit allein zu sein, womit sich ihre Partner vielleicht nur schwer abfinden können. Da Neuner ihre gehegten Projekte womöglich mehr lieben als irgendeinen Menschen, können Siebener und Neuner durchaus miteinander glücklich werden. Achter jedoch sind leidenschaftlich, intensiv und besitzergreifend. Wenn sie von „meiner Frau" bzw. „meinem Mann" reden, liegt die Betonung stets auf „mein". Wenn zwei Achter zusammenkommen, bebt die Erde. Sollten sie sich wieder trennen, können die Messer noch lange Zeit gezückt sein. Achter wollen das Heft in der Hand haben – eine Hand, die selbst das Portemonnaie fest im Griff hat.

Kulinarische Köstlichkeiten
Stehen für die Partner von Siebenern und Achtern nicht auf dem Speiseplan, wohl aber bei den Achtern.

Siebener-Motto
„Mein Heim ist, wo mein Hut hängt."

Behaglich
Als geborene Wanderer sind Siebener und Neuner nicht auf häusliche Behaglichkeit aus.

Sinnliche Achter
Achter lieben es, sich zu entspannen und intensiv zu genießen. Sie sind eindeutig „Wannentypen".

Beziehungen: Siebener, Achter & Neuner

Sparsam
Achter sind genügsam und haben ihr Portemonnaie fest im Griff.

Siebener in der Liebe

Einsamkeit ist für Siebener kein hinreichendes Motiv, Beziehungen einzugehen. Sie verlieben sich nur in jemanden, den sie eher als göttlich denn menschlich ansehen. Da sie in der Liebe erleben, wie sich ihre Seele weitet, sind sie zu geistvoller Musik und Poesie fähig.

Siebener können mit jeder anderen Zahl glücklich werden. Unzulänglichkeiten würden ihnen wahrscheinlich gar nicht auffallen, da sie meist in ihren und Ambitionen getrieben, einen Partner fürs Leben zu suchen. Achter sind nie knapp bei Kasse, doch sie trennen sich ungern von ihrem Geld, auch dann nicht, wenn sie verliebt sind. Potenzielle Partner seien also gewarnt.

Achter haben eine magnetisierende Wirkung auf andere. Siebener irritieren sie mit ihrem versponnenen Gehabe, und Einser können sie nicht kontrollieren. Zweier, Vierer und Sechser passen jedoch zu ihnen.

Als Eltern streben Achter danach, ihren Kindern zu geben, was ihnen in der eigenen Kindheit gefehlt hat.

Neuner und Beziehungen

Neuner brauchen jemanden, der ihnen beisteht, wenn sie die Welt erretten – vorzugsweise einen Partner, der ihre gesellschaftlichen Ziele, politischen Neigungen oder spirituellen Ideale teilt. Neuner sind begeistert vom Leben wie auch von ihrer Fähigkeit, die Dinge zu verändern. Also Vorsicht!

Neuner kommen gut mit „Los geht's"-Zahlen aus. Vierer und Achter empfinden sie als zu vorsichtig und konservativ. Eine Acht könnte allerdings ein Projekt finanzieren und einen guten Geschäftspartner abgeben.

Als Eltern wissen Neuner mit Teenagern mehr anzufangen als mit Kleinkindern; ihren Nachwuchs nehmen sie gern mit auf Demonstrationen.

Ist das Leben nicht herrlich?

Viele Siebener und Neuner suchen sich Partner mit anderem kulturellen oder religiösen Background. Achter heiraten nicht selten das Mädchen von nebenan.

WEISSAGUNG

Da Sie sich nun mit Ihren Hauptzahlen beschäftigt haben, können Sie die ersten Schritte in die Welt der Weissagung unternehmen. Die Numerologie sagt Ihnen, welche Energien Sie im Rahmen bestimmter Zeitabschnitte beeinflussen, auch wenn Sie nicht genau erfahren, welche Gestalt diese Energien in Ihrem Leben annehmen werden. In diesem Kapitel werden wir uns mit den Zahlen befassen, die Gipfelphasen, Herausforderungen und persönliche Jahre kennzeichnen und die sich ebenfalls recht einfach errechnen lassen. Die ersten beiden Methoden ähneln den Progressionen in der Astrologie und stehen in unmittelbarem Bezug zu den Berechnungen anhand der Hauptzahlen. Da sie Symbolcharakter besitzen, repräsentieren sie die Entfaltung des persönlichen Potenzials. Das persönliche Jahr bewegt sich unterdessen mit Ihnen vom einen Augenblick zum nächsten.

Gipfelzahlen: I

Heilkundig

Jayne wird über viele Jahre hinweg eine Karriere in Alternativmedizin verfolgen.

In unserem Leben haben wir vier Gipfelzahlen. Jede von ihnen steht für einen Zeitabschnitt mit spezieller Prägung. Die Zahlen geben an, wie und wann Ihr Potenzial zum Tragen kommt und auf welche Weise Sie diesen Prozess fördern können. Obwohl jede Gipfelzahl ein eigenes Leitmotiv besitzt, lassen sich detaillierte Vorhersagen leider nicht treffen.

Berechnung der Gipfelzahlen

Der erste und der letzte Gipfel sind die längsten Zeitabschnitte; die beiden mittleren Gipfel dauern je neun Jahre. Die vierte Periode besitzt kein Enddatum.

Die erste Gipfelzahl beginnt mit der Geburt, endet aber nicht mit 18 (sonst wäre unser Leben sehr kurz). Die Länge des ersten Zeitabschnitts wird stets ausgehend von 36 Jahren berechnet.

Subtrahieren Sie die Schicksalszahl von 36, um die Länge des ersten Gipfels zu ermitteln. In Jaynes Fall ist

Berechnung der Gipfelzahlen

Beispiel: 6. Dezember 1974 (Jaynes Geburtstag) = Schicksalszahl **3**

1. Gipfel	Geburtstag plus Geburtsmonat: 6 + 12 = 18 = **9**
2. Gipfel	Geburtstag plus Geburtsjahr: 6 + 3 = **9**
3. Gipfel	Gipfel plus 2. Gipfel: 9 + 9 = 18 = **9**
4. Gipfel	Geburtsmonat plus Geburtsjahr: 12 + 3 = 15 = **6**

dies 36 minus 3 (Schicksalszahl) = 33. Ihr erster Gipfel endet also mit 33. Jaynes Gipfelzahlen sind ungewöhnlich, da die ersten drei Abschnitte – bis zum Alter von 51 – allesamt von der gleichen Zahl beherrscht werden: ein Hinweis darauf, dass Heilen und Idealismus ihr Schicksal mitbestimmen. Da Jayne sich während ihres ersten Neuner-Gipfels bereits für die Alternativmedizin entschieden hat, wird sie diese Studien wohl später noch intensivieren.

Anders als Jayne besitzen die meisten Menschen unterschiedliche Gipfelzyklen. Ermitteln Sie die entsprechenden Zahlen solcher Menschen, die die ersten drei Zyklen bereits durchlebt haben. Finden Sie heraus, wie sie vor allem in den Übergangsperioden auf die jeweils neue Gipfelzahl reagiert haben.

Jaynes Gipfelzahlen lauten:

1. GIPFEL 0–33 Jahre: 9
2. GIPFEL 33–42 Jahre: 9
3. GIPFEL 42–51 Jahre: 9
4. GIPFEL ab 51 Jahre: 6

GIPFELZAHLEN: II

Die Gipfelzahlen sind mit Ihrer Schicksalszahl verknüpft und helfen Ihnen, Ihr Potenzial zu verwirklichen. Sie zeigen Ihnen, wie Sie im Laufe von vier einzelnen Perioden, die auf neunjährigen Zyklen basieren, Ihren verborgenen Qualitäten Gestalt verleihen können. Der erste und der letzte Gipfel sind die längsten Zeitabschnitte. Die beiden mittleren Gipfel dauern jeweils neun Jahre; der vierte Gipfel besitzt kein Enddatum. Die Länge des ersten Gipfels, der mit der Geburt beginnt, erhalten Sie, indem Sie Ihre Schicksalszahl von 36 subtrahieren. Die errechnete Zahl steht für das Alter, in dem Sie zum zweiten Gipfel übergehen. Bitte beachten Sie, dass die übliche Zahlenfolge von Eins bis Neun hier nicht gilt, da die einzelnen Zeitabschnitte unter Berücksichtigung der Schicksalszahl separat ermittelt werden (siehe Seite 180–181). Die gleiche Zahl kann während der vier Perioden mehr als einmal erscheinen. Meisterzahlengipfel können auf Zeiten intensiver Bewusstwerdung und mystischer Entwicklung hinweisen. Vor allem wenn Meisterzahlen als erste Gipfel erscheinen, kann das Leben den reduzierten Zweier- oder Vierer-Schwingungen folgen.

Gipfelzahlen

Gipfelzahlen bieten uns die Chance, das in uns steckende Potenzial auf unserem Lebensweg voll auszuschöpfen.

1. Gipfel
Die Periode des Heranwachsens, wenn unsere ersten Erfolge uns die Zuversicht geben, in die Welt hinauszugehen.

2. Gipfel
Die Periode der frühen Reife, in der wir lernen, die zahlreichen Lebenshindernisse zu überwinden und in unserem gewählten Fach ganz nach oben streben.

3. Gipfel
Diese Periode des Erfolgs in unseren mittleren Lebensjahren bringt ein hohes Maß an Selbsterkenntnis und Selbstakzeptanz mit sich.

4. Gipfel
Jene Periode, wo äußerer Er-folg und innere Entwicklung in ein dynamisches Gleichgewicht eintreten, das unse-re späteren Jahre unterstützt.

Die Zeit Ihres Lebens

Die nachstehenden Zahlen und Deutungen können für jede der vier Gipfelperioden gelten, wobei ein Teenager die Gipfelzahl Fünf natürlich anders erleben wird als ein Mensch mit 55 Jahren. Die jeweiligen Eigenschaften werden sich ähneln, nicht jedoch die Art und Weise, wie sie ausgelebt werden. Außerdem müssen Sie noch die Persönlichkeitszahl berücksichtigen, da sie das Ausdrucksmedium der Gipfelzahlen verkörpert.

Interpretation der Gipfelzahlen	
1	Eine Periode der Durchsetzung und Leistung. Dies ist die Zeit, Ziele anzugehen und sich ins Leben zu stürzen. Sie treten in die Welt hinaus und werden als der Mensch anerkannt, der Sie wirklich sind. Sie hinterlassen deutliche Spuren. Eine leichtere Periode für kontaktfreudige Persönlichkeitszahlen – und nicht die Zeit, um im Hintergrund zu verschwinden.
2	Eine Zeit, um Kontakte zu knüpfen und zu lernen, eng und intim mit anderen zusammenzuleben. Sie lernen, sich einzugliedern und ihre individuellen Bedürfnisse nach hinten zu stellen. Zusammenarbeit lautet das Leitmotiv dieser Periode. Geradzahligen Persönlichkeiten fällt dieser Zeitabschnitt leichter. Die Schwingungen eines Zweier-Gipfels unterstützen weder individuelles Handeln noch Selbstbehauptung.
3	Dies ist eine Zeit, um Erfahrungen, Wissen und Kontakte auszubauen. Gut für Fernreisen oder Arbeit im Ausland. Vielleicht entdecken Sie ein Talent in sich und bemühen sich, es zum Ausdruck zu bringen. Womöglich treten Ausländer in Ihr Leben. Neue Philosophien, die Ihren kulturellen oder spirituellen Background in Frage stellen, können Ihnen Möglichkeiten bieten, sich selbst zu definieren.
4	Eine Periode harter Arbeit und knapper Kassen. Sie lernen, Ihre Zeit und Talente zu strukturieren, um später davon profitieren zu können. Das Leben macht nicht unbedingt Spaß, doch letztlich wird sich die harte Arbeit auszahlen. Umstände, auf die Sie keinen Einfluss haben, werden Ihre Ressourcen wahrscheinlich voll ausschöpfen. Dies kann beispielsweise jener Zeitraum sein, in dem Sie einen Hausstand gründen.

Interpretation der Gipfelzahlen

5	Dies ist eine Periode mit zahlreichen Veränderungen. Sie gewinnen persönliche Freiheit, indem Sie sich von einschränkenden Verhaltensmustern und überkommenen Strukturen lösen. Sie entwickeln Ihre kommunikativen und kreativen Fähigkeiten. Sie kommunizieren mit allen, denen Sie draußen begegnen. Dies kann die Periode sein, in der Ihr Kind erstmals das Haus verlässt.
6	Familiäre Verpflichtungen verlangen Ihre Aufmerksamkeit. Eine sinnvolle Zeit, um sich fürsorgliche und beratende Fähigkeiten anzueignen. Gut für persönliches Glück und Finanzen. Vielleicht stecken Sie Ihr Geld in die Renovierung und Verschönerung Ihres Heims. Eine wichtige Beziehung verkörpert häufig das Hauptereignis dieser Periode – wobei in diesen Jahren alle Beziehungen eine größere Bedeutung annehmen..
7	Dies ist eine gute Zeit für höhere Studien und Forschungsprojekte. Vielleicht aber auch ein Hinweis auf eine spirituelle Suche weit weg von zu Hause. Eine Zeit der intensiven Selbstbeobachtung und Selbstentdeckung (womöglich mitsamt Psychotherapie). Oder eine Zeit des Studiums alternativer Heilverfahren mit philosophischer oder mystischer Komponente.
8	Diese Periode steht ganz im Zeichen pragmatsichen Handelns. Sie müssen Ihre Finanzen ordnen und sich ganz auf Dinge wie private Rentenversicherung, Hypotheken und Kredite konzentrieren. Systeme, die Sie jetzt etablieren, werden Sie noch Jahre nach Ablauf dieser Periode durchs Leben begleiten. Dies ist eine gute Zeit, um Ihren Einfluss zu erproben und Ihre Wirkung auf andere Menschen zu bewerten.
9	Eine Periode des Idealismus und der Bildung eines Bewusstseins für die großen Weltprobleme. Das Beenden von Situationen, die für Sie auf längere Sicht nicht mehr von Bedeutung sind. Entwicklung von humanistischen und idealistischen Werten. Eine gute Zeit, um eine Gruppe von Menschen zu finden, die Ihr Herz nährt. Womöglich müssen Sie zum Ritter in glänzender Montur werden, um die weniger Befähigten in Ihrer sozialen Umgebung zu schützen.

Herausforderungen

Jeder neue Schritt in unserem Leben kann eine Herausforderung darstellen.

HERAUSFORDERUNGSZAHLEN: I

Bereits der Gedanke, sich mit Problemen auseinandersetzen zu müssen, kann beunruhigen. Dabei gehen wir täglich mit Herausforderungen um, ohne besonders darüber nachzudenken. Herausforderungen müssen gar nicht als etwas Negatives erlebt werden, denn sie können uns von Dingen befreien, die uns behindern. Da Herausforderungszahlen zeitlich neben den Gipfelzahlen stehen, illustrieren sie jene Hindernisse und Verzögerungen, denen Sie vielleicht bei Ihrem Versuch begegnen, die Höhen Ihrer Gipfelzahlen zu erreichen. Es gibt neun Herausforderungszahlen, die durch Subtraktion errechnet werden. Wenn zwei gleiche Zahlen voneinander subtrahiert werden, ergibt sich die Null. Viele Numerologen sind der Ansicht, dass die Null in einer Namenstabelle auf eine alte Seele hinweist, die auf die Erde gekommen ist, um die Menschheit auf ihrem Weg zur Erleuchtung voranzubringen.

Erster Schultag

Die Art der Bewältigung früher Herausforderungen kann den Umgang mit Herausforderungen im späteren Leben beeinflussen.

Prüfungszeit

Manche Herausforderungen ermöglichen eine längere Vorbereitung.

0

Alte Seelen

Die Null verweist auf eine alte Seele, das heißt auf Menschen mit reichlich Lebenserfahrung.

Geschafft!

Eine bewältigte Herausforderung kann durch Freiheit belohnt werden, wie in diesem Fall durch die Freiheit, selbst am Lenkrad zu sitzen.

Herausforderungszahlen: II

Subtraktion
In der Numerologie wird die Subtraktion allein bei der Berechnung der Herausforderungszahlen eingesetzt.

Die Herausforderungszahlen wirken innerhalb des gleichen Zeitrahmens wie die Gipfelzahlen. Sie werden ähnlich berechnet wie die Gipfelzahlen, nur dass diesmal stets subtrahiert wird. Verwenden wir ein anderes Geburtsdatum – den 23. August 1969 –, aus dem sich die Schicksalszahl Zwei ergibt.

Denken Sie daran, alle zweistelligen Zahlen auf eine Ziffer zu reduzieren, bevor Sie die Herausforderungszahlen berechnen. Die Subtraktionen können in beide Richtungen erfolgen. Dies wird notwendig, wenn die zweite Zahl größer ist als die erste. Im Beispiel unten ist das Geburtsjahr (7) kleiner als der Geburtsmonat (8); dennoch ergibt sich 1.

Es wird Ihnen merkwürdig vorkommen, dass die dritte und die vierte Herausforderungszahl stets gleich sind,

Herausforderungszahlen	
1. Herausforderung	Geburtsmonat minus Geburtstag: 8 – 5 (23) = **3** (in beliebiger Reihenfolge subtrahieren)
2. Herausforderung	Geburtsjahr minus Geburtstag: 1969 = 7 – 5 = **2**
3. Herausforderung	2. Herausforderung minus 1. Herausforderung: 2 – 3 = **1**
4. Herausforderung	Geburtsjahr minus Geburtsmonat: 7 – 8 = **1**

Hinweis: Die Herausforderungszahlen verlaufen zeitgleich zu den Gipfelzahlen.

meist nicht aber die entsprechenden Gipfelzahlen. Wenn die Subtraktionen ausnahmsweise in der Null resultieren, bedeutet dies nicht, dass es im Leben der Person keine Herausforderungen gibt, denn sonst wäre ein Wachstum ausgeschlossen.

Im Beispiel unten lauten die beiden letzten Herausforderungszahlen Eins. Die dritte Herausforderung verläuft neben einer Gipfel-Sieben; die letzte Herausforderung fällt mit einer Gipfel-Sechs zusammen.

Somit treten die beiden – für Durchsetzung und Pioniergeist stehenden – Einser aus zwei sehr verschiedenartigen Hintergründen hervor.

Zeitrahmen

Den Zeitrahmen haben Sie bereits für die Gipfelzahlen errechnet.

0–34 Jahre	Herausforderung 3
34–43 Jahre	Herausforderung 2
43–52 Jahre	Herausforderung 1
ab 52 Jahre	Herausforderung 1

Stressreich?

Herausforderungen können anregen und den Charakter formen.

HERAUSFORDERUNGSZAHLEN: III

Das Karma verschafft Ihnen Gelegenheit, reinen Tisch zu machen. Vielleicht mögen Sie diese Situationen so wenig, dass Sie sich von ihnen abwenden wollen; doch dies würde Ihre Enttäuschung nur verlängern. Derartige Situationen sind zwar unangenehm, doch letztlich werden Sie daraus lernen, wie man die durch überkommene Haltungen auferlegten Schranken überwindet. Gelegentlich gilt es, dem Drang zu widerstehen, einfach davonzulaufen. Für den Umgang mit Herausforderungen gibt es allerdings keine feste Regel. Da die Herausforderungszahlen die Gipfelzahlen begleiten, weisen sie auf Gelegenheiten hin, bei denen Sie über veraltete Verhaltensmuster hinauswachsen können. Auf je eigene Weise stehen die Gipfel- und Herausforderungszahlen für Chancen, Ihre Möglichkeiten auszubauen. Ebbe (Herausforderungen) und Flut (Gipfel) ähnelnd, werden sie anhand des Geburtsdatums errechnet.

Neues Territorium

Was werde ich sehen? Und wem werde ich begegnen?

Spanisch?
Einen Roman in einer neuen Sprache zu lesen, kann ziemlich anstrengend sein.

Termine
Eine berufliche Herausforderung kann es mit sich bringen, die Nacht zum Tag machen zu müssen, um ein Projekt erfolgreiche abschließen zu können.

Herausforderungszahlen: IV

Die Herausforderungszahlen müs sen stets gemeinsam mit den Gipfelzahlen ausgelegt werder Ein guter Numerologe zeigt sich darai dass er aus all den unterschiedlichen Elementen eine in sich stimmige Vorau sage trifft. Ein Klient mit einer starken Persönlichkeits-Vier würde es lieber sehen, dass alles beim Alten bleibt; unsere Aufgabe besteht darin, ihm de Gedanken ohne falsche Versprechungen darzulegen.

Im Gegensatz dazu wird ein Klient mit einer ausgeprägten Persönlichkeits Drei sich auf die Herausforderungen freuen und nach weiteren suchen.

Interpretation der Herausforderungszahlen	
1	Das Leben lässt Sie auf eigenen Beinen stehen. All Ihre abhängigen Verhaltensweisen werden einer Prüfung unterzogen. Dies kann ein Zeitabschnitt sein, in dem Sie allein leben oder arbeiten. Wenn Sie der Herausforderung gerecht werden, könnei Sie punkten und erlangen die Aufmerksamkeit der richtigen Personen.
2	Ihre Herausforderung besteht darin, ein Gleichgewicht zwischen den eigenen Bedürfnissen und denen der Menschen in Ihrer Umgebung zu finden. Sie lernen mit anderen zu leben, was extrem schwierig sein kann, wenn Sie Ihre Bedürfnisse nicl kennen. Dies mag zugleich eine Zeit sein, in der Sie sich um andere kümmern, vie leicht um Kinder oder ein älteres Familienmitglied.
3	Sie müssen lernen, Ihre Worte mit Bedacht zu wählen oder gar zu schweigen. Sie werden andere Mittel der Kommunikation entwickeln – vielleicht durch das geschr bene Wort. Womöglich müssen Sie außerdem lernen, nicht mehr so unbekümmer und versöhnlich zu sein. Gerechtigkeit muss realistisch sein – eine Vorstellung, die Ihren Idealismus in Frage stellen kann.
4	In diesem Zeitabschnitt können die materiellen Ressourcen knapp werden. Ihre Herausforderung besteht darin, sich mit den Einschränkungen abzufinden und zu lern sich für das zu schätzen, was Sie sind und nicht für das, was Sie haben. Falls Sie dieser Zeit eine Familie gründen, werden Sie Ihre persönlichen Ausgaben einschrä ken müssen, damit kein Groll über zu wenig Essen auf dem Tisch entsteht.

Interpretation der Herausforderungszahlen

5

Sie sind herausgefordert, Risiken einzugehen – im Vertrauen darauf, dass es sich auszahlt. Sie müssen lernen, an das Universum zu glauben und die engen Zügel abzulegen. In dieser Zeit werden Sie vielleicht lernen, Ihrer eigenen Intuition zu vertrauen und nicht andere für Fehlentwicklungen verantwortlich zu machen.

6

Sie übernehmen die Verantwortung für andere, fühlen sich dadurch jedoch eingeschränkt. Ihre Herausforderung besteht darin, zu lernen von Herzen zu geben, aber auch zu erkennen, wann es angemessen ist, „nein" zu sagen. Vielleicht beginnen Sie in dieser Zeit einen Malkurs, und haben nicht unbedingt viel Vertrauen in Ihre Fähigkeiten. Besuchen Sie den Kurs trotzdem und lassen Sie Ihre Ängste hinter sich.

7

Sie sind allein und finden nicht unbedingt Gefallen daran. Die Herausforderung besteht darin herauszufinden, was an Ihnen Sie in diese Lage gebracht hat und etwas daran zu verändern. Hierzu müssen Sie ehrlich zu sich selbst sein. Falls Sie sich für eine Therapie entscheiden, werden Sie vielleicht erleben, dass ihre Standpunkte durch andere Gruppenmitglieder in Frage gestellt werden. Doch die Anstrengung kann sich ungemein lohnen.

8

Sie stehen vor der Herausforderung, Eigenverantwortung zu übernehmen und Ihre Rechnungen selbst zu bezahlen, und zwar fristgerecht. Dies ist die Zeit, in der Sie Ihre Fähigkeiten richtig einschätzen und angemessen bezahlen lassen. An diesem Punkt in Ihrem Leben entscheidet sich, ob Sie zum Profi werden oder ein Amateur bleiben. Ihre Wahl zeigt sich an der Höhe des Honorars.

9

Sie sind mit der Herausforderung konfrontiert, zu Ihren Einstellungen zu stehen. Mit dem Verstecken hinter den Vorkämpfern ist es nun vorbei. Vielleicht würden Sie lieber einen ruhigen Abend vor dem heimischen Fernseher verbringen, doch Ihre örtliche Jugendgruppe benötigt einen Trainer für die Fußballmannschaft. Das könnten Sie sein, auch wenn es Ihnen schwer fällt.

0

Ihre Herausforderung besteht darin, Ihr Leben auf die universalen Prinzipien, die seine Grundlage bilden, auszurichten. Ihre Vision einer besseren Welt ist realisierbar, doch hierzu müssen Sie sich von den kleinen Sorgen befreien, die Sie von dieser gewaltigen Verantwortung abhalten. Die Null impliziert, dass Sie Unterstützung von den am wenigsten erwarteten Seiten erhalten werden, sobald Sie sich durchgerungen haben.

DAS PERSÖNLICHE JAHR: I

Die persönlichen Jahre symbolisieren Ihre Erfahrungen während jedes neunjährigen Zyklus – von einem Geburtstag zum nächsten. Mit einem Einser-Jahr beginnend, breiten sie die künftigen Geschehnisse nicht im Detail aus, doch sie bergen Hinweise und zeigen die Bedeutung jedes einzelnen Jahres. Manche Numerologen gehen bei ihren Berechnungen davon aus, dass das persönliche Jahr jeweils im Januar beginnt. Falls Sie es vorziehen, können Sie den Beginn auf einen Geburtstag legen, zumal ja nur ein Zwölftel aller Menschen im Januar geboren ist. Für ihr eigenes persönliches Jahr sollten Sie auf jeden Fall Ihren Geburtstag zugrunde legen. Das persönliche Jahr gilt nicht nur für Einzelpersonen, sondern auch für die gesamte Welt. Und noch mehr: Die letzten hundert Jahre (das 20. Jahrhundert) ergeben nach der westlichen Zeitrechnung die Summe Eins. Es war dies ein Jahrhundert für die Entwicklung des Individuums, die mit den psychoanalytischen Theorien von Sigmund Freud und C. G. Jung begann. Das 21. Jahrhundert ist eine Zwei, was bedeutet, dass Kooperation und Beziehungen für die nächsten hundert Jahre maßgeblich sind.

Geburtstage

Ihr Jahr sollte mit Ihrem Geburtstag beginnen.

100

Zeichen einer Ära

Jedes Jahrhundert besitzt eine spezielle numerologische Signatur.

Zeitalter der Individualisierung

Das 20. Jahrhundert stand im Zeichen der Entwicklungstheorien nach Freud (unten) und Jung. Die britischen Suffragetten (links außen) erstritten das Frauenwahlrecht, während der Erste Weltkrieg (unten links) die Welt nachhaltig veränderte. Die Mondlandung (unten) – 1969, in einem Siebener-Jahr – war ein Meilenstein der Menschheitsgeschichte und die bisher größte territoriale Grenzüberschreitung.

Persönliche Jahre: Eins bis Fünf

Herzlichen Glückwunsch!
Ein brandneues persönliches Jahr.

Das persönliche Jahr ist leicht zu errechnen: einfach den Tag und den Monat der Geburt addieren und die Summe zur Zahl des gegenwärtigen Jahrs hinzufügen! Nehmen wir das Datum für Jaynes Konsultation im Jahr 1999: 6. Dezember = **6 + 12 = 18 = 9.** Das laufende Jahr war **1999 = 28 = 1. 9 + 1 = 10 = 1.** Jayne befand sich also im persönlichen Jahr Eins.

Jaynes Jahr begann wohlgemerkt an ihrem Geburtstag (dem 6. Dezember) und nicht am 1. Januar 1999. Somit erlebte sie ihr persönliches Jahr, wie es für den Zeitraum zwischen zwei Geburtstagen berechnet wurde. Als sie z. B. 1995 mit ihrer homöopathischen Ausbildung anfing, befand sie sich im persönlichen Jahr Fünf, das am 6. Dezember 1994 begann. Jaynes Ausbildung hatte ihren Ausgangspunkt in einem durch Freiheit symbolisierten Jahr. Dies war eine Periode, in der sie sich von den alten medizinischen Vorstellungen löste, mit denen sie aufgewachsen war. Hinter jedem persönlichen Jahr steht immer auch die Zahl des Jahres selbst: 1994 war ein Fünfer-, 1999 ein Einser-Jahr.

Viele Lehrbücher lassen das persönliche Jahr stets mit dem 1. Januar beginnen, doch kaum jemand ist an diesem Tag geboren. Der Geburtstag ist jedoch ein wichtiger Tag, der neue Energie und Veränderungen mit sich bringt. Die leichtesten und am schnellsten vergehenden Jahre sind jene, die mit einer für die Persönlichkeits- oder Schicksalszahl wichtigen Zahl mitschwingen.

Persönliche Jahre

1	Dies ist das Jahr der neuen Anfänge, der Neugründungen und Geburten aller Art. In einem Einser-Jahr gründen viele Menschen eine Familie. Begonnene Projekte werden sich durch sämtliche Phasen des neunjährigen Zyklus weiterentwickeln. Ungeraden Zahlen fällt es leicht, Vierer und Achter dagegen haben ihre Mühen. Dieses Jahr wirkt auf jeden Menschen, gleich welchen Alters, irgendwie beflügelnd.
2	Ein Jahr der Kooperation, der Eheschließung, des Einzugs beim Partner oder des Zusammenschlusses mit einem Geschäftspartner. Ein Jahr des Teilens und des Berücksichtigens der Bedürfnisse anderer Menschen. Viele Menschen empfinden es als emotionale Periode. Ungerade Zahlen fühlen sich das ganze Jahr über auf dem falschen Fuß. Gerade Zahlen genießen es. Teilen lautet das Motto. Nichts muss allein geschultert werden – Hilfe ist stets zur Hand; Sie müssen nur darum bitten.
3	Dies ist eine Periode des Erkundens, des Entdeckens von neuen Ideen, von Philosophien, Ländern und der Kreativität. Es besteht ein ausgeprägter Drang zur Kommunikation. Dies ist die rechte Zeit, um den Roman aus der untersten Schublade zu kramen und zu vollenden. Gerade Zahlen sehen ihre Sicherheit gefährdet.
4	Für manche Menschen kann dies das schwierigste Jahr sein. Eine geeignete Zeit, um Ihrem Leben Struktur zu verleihen. Womöglich stecken Sie finanziell in der Klemme. Sie schärfen Ihre Fähigkeiten, verhalten sich wie ein wahrer Profi, werfen einen kritischen Blick auf Ihr Erscheinungsbild und stellen sich den Dingen. Vierer lieben es. Dreier und Fünfer fühlen sich gefangen.
5	Manche empfinden es als Erleichterung gegenüber dem vorherigen Jahr. Das Leben geht kreativ weiter. Dies ist ein gutes Jahr für eine lange Fernreise oder den Start eines kreativen Projekts. Ein Jahr der (Kopf-)Geburten. „Befreiung von der Routine", lautet das Motto. Zweier fühlen sich unwohl. Vierer leisten Widerstand.

DAS PERSÖNLICHE JAHR: II

Die Dekaden des letzten Jahrhunderts werden durch die Zahlen der persönlichen Jahre präzise beschrieben. Die Qualitäten der jeweiligen Zahl sind in der zehnjährigen Periode zusammengefasst, obwohl sich die meisten Jahrzehnte erst einige Jahre nach ihrem Beginn auf ihr spezielles Thema einstimmen. Die Zwanziger-Jahre waren eine Dekade des Experimentierens mit Beziehungen. Gemeinsam durchtanzte man zur Jazzmusik die Nächte. Die Dreißiger waren eine Dekade der Lufterkundung. Die Vierziger standen im Zeichen von Mangel und Besitzkriegen. Die Fünfziger waren ein Jahrzehnt der Rebellion; der Teenager wurde geboren. Die Sechziger gaben uns den „Sommer der Liebe", mit neuen künstlerischen und musikalischen Entwicklungen. Die Siebziger waren eine Dekade der Überlandreisen zu mystischen Erfahrungen. In den Achtzigern waren Juppy-Kleidung und Champagner an der Tagesordnung. In den neunziger Jahren schließlich brachen die totalitären Regime zusammen. In den „Zweitausendern" fand die Entwicklung der globalen Online-Kommunikation statt.

Die Zwanziger

Nach den Schrecken des Ersten Weltkriegs war jeder in das Leben verliebt.

Die Dreißiger

Moderne Flugzeuge ließen ferne Ziele näher rücken.

Die Fünfziger

Freiheit und jugendlicher Überschwang kennzeichnen dieses Jahrzehnt.

Die Sechziger

Befreiung von Konventionen und freie Liebe.

Persönliche Jahre: Sechs bis Zweiundzwanzig

Silvester
Die rechte Zeit, um zu feiern und gute Vorsätze zu fassen.

Die persönlichen Jahre begleiten den Entwicklungsprozess, beginnend mit der Eins und über die Symbolik der Sechs bis zur Neun. Die Meisterzahl Elf ist selten, doch jede Dekade besitzt ein Zweiundzwanziger-Jahr. Die Elf kam im letzten Jahrhundert als persönliches Jahr zweimal vor: 1901 und 1910. Zu Beginn des dritten Millenniums werden es die Jahre 2009 und 2018 sein. Dies verweist auf mögliche Ereignisse, die ein Echo jener Qualitäten darstellen, wie sie von der Elf verkörpert werden und in den beiden entsprechenden Jahren des letzten Jahrhunderts erlebt wurden.

Ein neues persönliches Jahr kann frischen Wind mit sich bringen, vor allem, wenn das alte Jahr nicht mit der Persönlichkeitszahl verträglich war. So etwa kann sich die Vier als persönliches Jahr für eine noch unstrukturierte Fünfer-Persönlichkeit wie eine Gefängnisstrafe anfühlen. Andererseits kann es sich auch um das Jahr handeln, in dem Sie gut vorankommen, weil Sie sich auf das Wesentliche konzentrieren. Es sind zwar nur zwölf Monate, aber sie können sich lohnen!

Eine Persönlichkeits-Zwei wird ein Sechser-Jahr wegen der positiven Entwicklungen auf dem Beziehungssektor und in der Familie genießen.

Ein Achter-Jahr für eine Neuner-Persönlichkeit kann die richtige Zeit darstellen, um die Finanzierung am Herzen liegender Projekte (Neuner haben immer welche) zu beantragen.

Persönliche Jahre

6	Persönliche Sorgen werden nach hinten gestellt, da andere Sie dringender brauchen – vielleicht die betagten Eltern oder ein Enkelkind. Veränderte Eigentumsverhältnisse wie ein neues Haus oder Grundstückserwerb stehen auf dem Plan. Einser könnten sich gefangen fühlen. Vierer, Sechser und Achter stürzen sich freudig in das neue Jahr.
7	Dies ist ein gutes Jahr, um mit Ihrem Forschungsprojekt zu beginnen. Manche Menschen wählen die Psychotherapie oder Psychoanalyse, um ihre Verhaltensmuster zu ergründen. In dieser Zeit sind Sie überaus empfänglich für Musik, Farben und Kinofilme. Womöglich begeben Sie sich auf eine spirituelle Suche. Achter und Vierer sind misstrauisch. Ungerade Zahlen sind glücklich.
8	Dies ist ein Jahr der Planung, in dem Prioritäten dafür gesetzt werden, was eine weitere Beschäftigung verdient, und was einfach zurückgelassen werden kann. Es wird Verluste geben, Beendigungen und Wiedergeburten. Neue Menschen, die Sie in diesem Jahr treffen, werden Sie zu einem bestimmten Zweck begleiten, sowohl für sie als auch für Sie. Alle Beziehungen werden intensiv sein und können tief verwurzelte innere Muster offenbaren.
9	Das Ende des vor neun Jahren begonnenen Prozesses. Überlebte Beziehungen, überkommene Verhaltensweisen und sogar alte, nicht mehr passende Kleidung – all dies können Sie nun loswerden. Vielleicht wächst in Ihnen ein neuer Idealismus, der Sie auf eine Bühne von bislang unerreichter Größe katapultiert. Realistische, tatkräftige Veränderungen sind das Motto. Kann für sämtliche Zahlen unbehaglich sein, sofern sie nicht gewillt sind, ihr Leben zu verändern.
11 & 22	Dies kann eine Zeit großer Einsicht und des erweiterten Bewusstseins für Ihr Inneres, die Welt und Ihre Position innerhalb des großen Ganzen darstellen. Die Meisterzahlen reduzieren sich zur Zwei und Vier – gute, praktische Zahlen, die mit beiden Beinen fest auf dem Boden stehen (was in diesen besonderen persönlichen Jahren auch sehr nötig ist).

VERBINDUNGEN ZU ASTROLOGIE UND TAROT

Viele Numerologen besitzen auch praktische Kenntnisse in Astrologie und Tarot. Wer Zahlen, Sterne oder Tarotkarten deutet, greift im Zuge der Klientenberatung häufig auf alle drei Disziplinen zurück. Der Verbindung der Numerologie zur Astrologie ergibt sich dadurch, dass jeder Planet einen Zahlenwert besitzt. Das Tarot besteht aus der Kombination zweier Kartenblätter – den Großen und den Kleinen Arkana. Von zahlreichen Tarotexperten als älter eingestuft, setzen sich die Großen Arkana aus 22 Bildkarten zusammen, die einen bestimmten Zahlenwert besitzen und die Reise der Seele durch das Leben beschreiben. Nachdem Sie mit den numerologischen Berechnungen vertraut geworden sind, können Sie auch Astrologie und Tarot in die jeweilige Beratung einfließen lassen, um dem Klienten ein umfassenderes Bild zu vermitteln.

6
mensis.
septembris.
Lune.
dies

Numerologie und Astrologie: I

Planeten und Zahlen
Die Astrologie befasst sich mit den Wirkungen der Planeten auf den Menschen.

Jedem Planeten ist eine Zahl zugeordnet. Diese planetaren Verknüpfungen zeugen vom Verständnis des Sonnensystems, wie es die frühen Astronomen besaßen.

Sonne und Eins

Der Sonnentyp ist ehrgeizig, kontaktfreudig, abenteuerlustig, wetteifernd und startet gern neue Projekte.

Mond und Zwei

Der Mondtyp ist sensibel, leicht zu beeindrucken, mütterlich und unbeständig.

Jupiter und Drei

Geistig und körperlich expansiv, ist dieser Typ mystisch veranlagt/lebenslustig.

Erde und Vier

Der Erdtyp ist bedächtig, praktisch und besitzt reichlich Hausverstand.

Merkur und Fünf

Dieser Typ hat eine gute Auffassungsgabe, ist schlagfertig und lernbegierig.

Venus und Sechs

Häufig schön anzuschauen, streben die unter diesem Einfluss stehenden Menschen nach Ausgleich.

Neptun und Sieben

Der Poet, Mystiker und kosmische Cowboy überwindet Grenzen und verschmilzt mit dem Göttlichen.

Saturn und Acht

Saturn setzt Grenzen, hält die Dinge fest und gibt ihnen Gestalt.

Mars und Neun

Der Marstyp ist ein praktischer Idealist, der seinen Willen durchsetzt, um eine Aufgabe zu erledigen und seinen Glauben zu verteidigen.

Uranus und Elf

Plötzliche Einsichten stellen die Menschen unter den Einfluss humanitärer und politischer Veränderungen durch vulkanische Katalysatoren des Uranus.

Der nächtliche Himmel

Unsere frühen Vorfahren sammelten astrologische Daten, um den rechten Zeitpunkt für Aussaat und Ernte zu bestimmen und den Ausgang von Stammeskonflikten vorherzusagen.

Pluto und Zweiundzwanzig

Pluto führt tief greifende Verwandlungen herbei, die die Erde erschüttern können.

NUMEROLOGIE & ASTROLOGIE: II

Die Zahlen der Astrologie finden ihre Entsprechung in der Numerologie, mit Ausnahme der Meisterzahlen. Die wichtigsten Zahlen lauten Fünf, Sieben, Neun und Zwölf. Sieben, die Anzahl der sichtbaren Planeten, gilt in vielen Kulturen als Glückszahl. Fünf und Neun sind so genannte „gute Häuser" mit positiven Lehren aus vergangenen Leben. Man verbindet sie mit Expansion, Philosophie, Reisen und Kreativität (dies betrifft Kinder wie auch Kunstwerke). Zwölf ist die Zahl der Tierkreiszeichen. Der Zwölfer-Teilung begegnen wir in vielen Kulturen, etwa bei den zwölf Stämmen Israels. Vor allem die Zahlen Vier, Acht und Zwölf gelten als schwierige, von außen kommende Zahlen, die die Voraussetzungen und Sicherheit des Individuums in Frage stellen.

Die Planeten

Auch als Wandelsterne bezeichnet, kreisen die Planeten vor einer Sternenkulisse um die Sonne.

Zodiakus

Der „Tierkreis" verdankt seinen Namen der Tat-sache, dass einige seiner Zeichen Tiere symbolisieren.

Fernes Ziel

Zahlreiche mystische und philosophische Lehren betrachten das Leben als eine Reise.

Numerologie und Astrologie: III

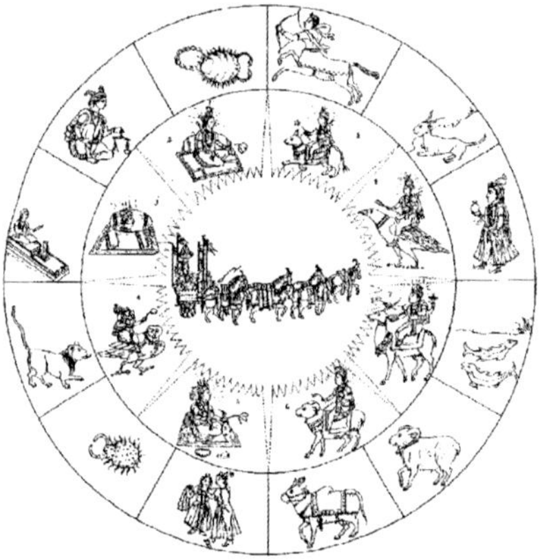

Alte Symbole

Viele Kulturen besitzen einen eigenen Tierkreis mit regionalen Tierarten.

Die Astrologie eignet sich für zeitliche Voraussagen, doch mitunter tritt das Erwartete nicht ein. Es will einfach nicht funktionieren, so sehr der Astrologe auch seine Berechnungen nachprüfen mag.

Mit den Planetenzahlen besitzt die westliche Astrologie eine Entsprechung zur Numerologie, es fehlt ihr jedoch ein Zeitblocksystem, das mit den Gipfel- und Herausforderungszahlen vergleichbar wäre. Die vedische Astrologie operiert dagegen mit eigenen Zeitperioden und greift nicht selten auf die Numerologie zurück.

Ein westlicher Astrologie, der nicht versteht, wie die Gipfel- und Herausforderungszahlen das Leben beeinflussen, verzichtet auf ein wertvolles Prognoseinstrument. Ganz anderes die weit ältere vedische Astrologie mit ihrem speziellen Weissagungssystem anhand von Zeitblöcken (Dasas), die den Perioden der Gipfelzahlen ähneln.

Lebenszyklen

Die neunjährigen Perioden können eine Kulisse für jedes scheinbar positive Ereignis im Leben einer Person bilden. Wenn die Gipfelzahl und die Zahl des persönlichen Jahrs auf Verzögerungen und Auseinandersetzungen hindeuten, können diese negativen karmischen Einflüsse nicht durch Frohsinn – sei er noch so groß –, wettgemacht werden. Oft lässt sich beobachten, dass sich die Herausforderungszahl mit der Zahl des persönlichen Jahrs verbündet und dies die positiven Einflüsse einer Planetenkonstellation zunichte macht.

Entsprechend vermag eine positive Gipfel-/Herausforderungsperiode die Belastung zu verringern, wie sie bei der Geburt durch eine ungünstige Stellung des Saturn entstehen kann. Dies bedeutet nicht, dass Saturn keine Wirkung mehr zeigt, sondern nur, dass jemand den karmischen Anforderungen des Saturn bereitwillig nachgibt.

Die Kombination von Numerologie und Astrologie bietet vor allem den Vorteil, dass Sie Ihren Klienten ein Mehr an Informationen bieten können, indem Sie eine praktische Vorstellung gewinnen, wie die Energien beider Systeme in seinem Leben aufeinander einwirken.

Zusammenspiel

Astrologie und Numerologie sind Systeme, die Charakter und Trends voraussagen. Da sich beide auf das individuelle Leben auswirken, müssen sie gemeinsam berücksichtigt werden.

NUMEROLOGIE UND TAROT

Das Tarot, ein altes Buch in bildhafter Form, ist eine esoterische Bestandsaufnahme, die Entwicklung und geistiges Wachstum des Menschen betrifft. Die Tarotkarten setzen sich aus zwei verschiedenen Blättern zusammen – den aus 22 Karten bestehenden Großen Arkana und den Kleinen Arkana, die eher gewöhnlichen Spielkarten ähneln und vier Farben (für die viere Elemente) zu je 13 Karten beinhalten. Die 22 Karten der Großen Arkana stehen in engem Bezug zur Numerologie und Astrologie. Ähnlich wie ein Comicstrip beschreiben sie das Fortschreiten eines Menschen auf dem Weg zur Ganzheit, oder, um es mit C. G. Jung auszudrücken – den „Prozess der Individuation". Viele Kartenleger greifen auf die Numerologie zurück, um ihren Klienten weitere Hinweise zu geben, was die in den Bildern verschlüsselten Botschaften angeht.

Die Liebenden
Die sechste Karte ist die Karte der Beziehungen und Leidenschaft.

Die Hohepriesterin
Diese weibliche, übersinnliche Karte hat etwas Mystisches an sich.

Die Kraft

Dies ist entweder die achte oder die elfte Karte.

Das Schicksalsrad

Die zehnte Karte impliziert einen Neuanfang und besitzt ähnliche Qualitäten wie die Zahl Eins.

Einstellige Zahlen des Tarot

Das Buch des Lebens
Das Tarot gleicht einer Landkarte für die Reise durch die Höhen und Tiefen des Lebens.

Den Tarotkarten sagte man eine derartige Wirkung auf den Geist des Menschen nach, dass sie über Jahrhunderte hinweg im Verborgenen blühten. Heute verwendet man sie oft als eine Art Landkarte zu einer höheren Bewusstseinsebene.

Eins – Der Magier

Diese Karte steht für den Neuanfang. Auf dem Tisch liegen die vier Objekte der Kleinen Arkana: Stab, Kelch, Schwert und Teller.

Zwei – Die Hohepriesterin

Diese Karte verweist auf Intuition und Sensibilität. Mit der ägyptischen Göttin Isis assoziiert, besitzt sie fraglos etwas Geheimnisvolles. Die auch als Päpstin bezeichnete Karte brachte man seit jeher mit Päpstin Johanna in Verbindung.

Drei – Die Kaiserin

Ernte und gutes Leben repräsentierend, zeigt diese Karte das nie versiegende Füllhorn.

Vier – Der Kaiser

Einen mächtigen, unbezwingbaren Mann auf dem Thron darstellend, steht diese Karte für die weltliche Macht der vier Könige der Kleinen Arkana.

Fünf – Der Papst

Der „weise Ratgeber" vermittelt Weisheit und verständiges Denken. Er lehrt die heiligen Schriften und ist das Oberhaupt der vorherrschenden Religion.

Sechs – Die Liebenden

Diese Karte der leidenschaftlichen sexuellen Beziehungen ist mit dem Entscheiden verknüpft, zeigt jedoch an, dass jede Entscheidung richtig ist.

Sieben – Der Wagen

Diese Karte impliziert Bewegung, Reise und die Fähigkeit, die Zugpferde des Wagens, in dem der Krieger steht, mit dem Willen zu bändigen.

Acht – Die Kraft

Diese Karte zeigt, wie eine Frau einen wilden Löwen mit innerer Kraft besiegt.

Neun – Der Eremit

Diese Karte deutet an, dass sich der Reisende von der Intuition (symbolisiert durch eine Laterne) leiten lässt.

Dunkler Ursprung

Woher stammt das Tarot und wie ermöglicht es den Blick in die Zukunft? Diese Fragen stell man sich seit Jahrhunderten.

ZWEISTELLIGE TAROTZAHLEN

Die zweistelligen Zahlenwerte der folgenden Tarotkarten sind so etwas wie die höheren Oktaven der einstelligen Karten Eins bis Neun. Sie zeigen die vor allem mit unserem fortschreitenden Alter zunehmend komplexer werdende Reise. Die Schritte sind nicht die gleichen wie zuvor, doch sie enthalten ähnliche Lektionen, die wir unterwegs lernen müssen. Sämtliche Karten der Großen Arkana sind von ihrem Wesen her spirituell, da sie ihrer Bestimmung nach spirituelle Gedanken vermitteln sollen. Es wurde die Ansicht geäußert, die Karten verkörperten den wahren Schatz des Templerordens, der das Wissen höher bewertete als den materiellen Wohlstand. Vielleicht haben die Karten ihre Wurzeln aber auch in der altägyptischen Religion und sind die Schriften von Hermes Trismegistos.

Die Mäßigkeit
Diese Karte wird auch als Engel der Zeit bezeichnet.

Der Teufel
Diese mit dem Schicksal assoziierte Karte ermutigt zur Aufgabe alter Verhaltensmuster.

Die Gerechtigkeit
Die Elfer-Karte symbolisiert Harmonie und Gleichgewicht.

Der Turm
Manche würden meinen, dass die Zeit für einen Umzug gekommen sei, wenn diese Karte erscheint.

Die letzten zwölf Karten

Sonnenschein
Die Sonne ist eine besonders viel verheißende Tarotkarte.

Die Zahlen der letzten zwölf Karten stehen für den letzten und schwierigste Abschnitt auf der Reise des Suchenden

Zehn – Das Schicksalsrad

Das Rad symbolisiert den ewigen Kreislauf des Karma, den Wechsel der Gezeiten und neues Leben.

Elf – Die Gerechtigkeit

Der Ausgleich von Gut und Böse, der Wunsch nach Gleichgewicht und Vermittlung.

Zwölf – Der Gehängte

Diese Karte verweist auf die Abkehr vom materiellen Streben und die Aneignung einer abwartenden Haltung.

Dreizehn – Der Tod

Nicht der körperliche Tod, sondern die Abkehr von erstarrten Gewohnheiten.

Vierzehn – Die Mäßigkeit

Auf neues Leben und Göttergaben hindeutend, wird diese Karte mit den Eleusinischen Mysterien von Tod und Wiedergeburt verknüpft.

Fünfzehn – Der Teufel

Ein Hinweis darauf, dass es an der Zeit ist, die Bande körperlicher Gelüste zu sprengen.

Sechzehn – Der vom Blitz getroffene Turm

Das von einem Blitzstrahl getroffene Ego verweist auf plötzliche Veränderungen und geistige Neuorientierung.

Siebzehn – Der Stern

Der Stern verheißt Erneuerung nach dem anbrandenden Ich-Verlust, und dass die Götter den Suchenden allzeit begleiten.

Achtzehn – Der Mond

Ein Hinweis auf die unvorhersagbare Macht des Unbewussten und eine Zeit des Überwindens tief verwurzelter Ängste und Vorurteile.

Neunzehn – Die Sonne

Das Wiedererwachen durch die kindlichen Qualitäten der Freude und Unschuld.

Zwanzig – Das Jüngste Gericht

Erweckung zum ewigen Bewusstsein: Der Suchende erwacht und stellt fest, dass es ein Leben nach dem Tod gibt.

Einundzwanzig – Die Welt

Die Reise ist beendet und muss vom Suchenden neu begonnen werden – bis in alle Ewigkeit.

DER NARR: NULL

Als Karte der Null und der Zweiundzwanzig bildet der Narr zugleich den Anfangs- und den Endpunkt der Großen Arkana. Die Null und die Zweiundzwanzig stehen in zahlreichen Kulturen für die Namen Gottes. Sie verweisen auf die Macht der Schöpfung und die Vollendung des Ganzen. Am Beginn der Kartenfolge repräsentiert der Narr das in uns allen steckende göttliche Kind. Er symbolisiert die Seele, wie sie sich vom Rand der Wirklichkeit in die Materie stürzt, um als Mensch Gestalt anzunehmen. Naiv und töricht, besitzt der Narr zugleich kindliche Unschuld. Parzival, der nach dem Gral suchende Ritter, wird mit dem Narren assoziiert. Am Ende der Kartenfolge steht der Narr für die Seele, die sich – zur Heimkehr bereit – in einen Abgrund stürzt. Sie symbolisiert damit ein Gefühl oder eine Eigenschaft voller „göttlichem Heimweh" und voll des Verlangens, wieder mit Gott vereint zu sein.

Wonniges Unwissen
Dieser Zustand gilt den Mystikern seit jeher als höchstes Ziel.

Die Seele
Führt der Sprung aus dem Leben heraus oder ins Leben hinein?

Omega
In jedem Ende steckt der Same des Neuanfangs.

Der Narr
Gilt sein „göttliches Heimweh" dem Himmel oder der Erde?

GLOSSAR

Archetypen Geistige Urbilder; in der analytischen Psychologie C. G. Jungs die Urbilder menschlicher Vorstellungsmuster im kollektiven Unbewussten.

Enneagramm Ein Stern mit neun Spitzen als Symbol für die neun Modalitäten des menschlichen Verhaltens.

Fehlende Zahlen In einer Namens- oder Gruppentabelle nicht erscheinende Zahlen.

Gerade Zahl Eine Zahl, die ohne Rest durch zwei teilbar ist.

Häufige Zahlen In einer Namens- oder Gruppentabelle wiederholt vorkommende Zahlen.

Herausforderungszahlen Dies sind die einzigen Zahlen in der Numerologie, die durch Subtrahieren errechnet werden.

Karma-Zahlen Zeigen die in Ihrem Leben wirkenden mystischen Grundmuster.

Meisterzahlen Elf und Zweiundzwanzig gelten als Symbole für ein außergewöhnliches Schicksal.

Persönliches Jahr Die Summe aus Geburtstag, Geburtsmonat und aktuellem Jahr.

Persönlichkeitszahl Die Summe der Zahlen für die Vokale und Konsonanten in einer Namenstabelle.

Schicksalszahl (oder Lebenswegzahl) Ergibt sich durch Addieren der einzelnen Ziffern des Geburtsdatums.

Ungerade Zahl Eine Zahl, die sich nicht ohne Rest durch zwei teilen lässt. Neun ist die einzige einstellige ungerade Zahl, die durch eine andere Zahl (außer 1) teilbar ist.

Universalzahl Der Archetyp einer anderen Zahl, der all ihre positiven Eigenschaften enthält.

REGISTER

DANKSAGUNG

Ich möchte allen bei Ivy Press danken, vor allem meinen beiden Lektorinnen Caroline Earle und April McCroskie. Danke auch an Robert für all die Tassen Tee und meine drei Jungs, Scott, Jared und Eliot, für die E-Mails, die mich in Kontakt mit der Außenwelt gehalten haben, während ich versucht habe, meine Termine zu halten. Der Verleger dankt Star Brewery Pottery, Lewes; The Boxroom, Lewes; The Pine Chest, Lewes; Kenneth Clark Ceramics, Lewes, für die freundliche Bereitstellung von Requisiten.

BILDNACHWEISE

Tarotkarten

Der Abdruck der folgenden Abbildungen erfolgte mit Genehmigung von HarperCollins Publishers Ltd. UK. The Arthurian Tarot © Caitlin and John Matthews/Miranda Gray: 219o. The William Blake Tarot © Ed Buryn: 219u.

akg-images: 20; 47ro; /Science Source: 47u.

Alamy Stock Photo/19th era: 78u; AF archive: 77; Pictorial Press Ltd: 54, 199u; Chronicle: 139; dieKleinert: 114; Masterpics: 87r; Natalia Postolatii: 175ro; shinypix: 123; Splash News: 129; YAY Media AS: 109. Bridgeman Images: 103o; /From Russia with Love by Terence Young with Sean Connery, 1963: 22u; Palazzo Ducale, Mantua, Italien: 111u; Palazzo Vecchio (Palazzo della Signoria) Florenz, Italien: 93, 152; © British Library Board. All Rights Reserved: 91o; Photo © Leicester Arts & Museums: 95u; Terme Museum, Rom, Italien: 107u; Vatikanische Museen, Vatikanstadt: 90o; Prado, Madrid, Spanien: 114.

Fletcher Family Archive: 134-135u alle.

Getty Images/DEA/G. DAGLI ORTI: 90u; Colin Anderson: 119u; Sunset Boulevard: 199m; Caiaimage/Martin Barraud: 119o; Edward G. Malindine: 199o; Joseph Scherschel: 83o; mbbirdy: 87l; Bettmann: 55ro; Dan Mullan: 58u; Dave J Hogan: 43lo; Gie Knaeps: 58o; Handout: 39; Jamie McCarthy: 35u; Photo Josse/Leemage: 51o; Roman: 35lo; Ariel Skelley: 102u, 131o; Ben A. Pruchnie: 14u; Buyenlarge: 14o; Heritage Images: 107o; Historical: 110u; Hulton Archive: 15u; Keystone: 16; Kinzie Riehm: 186; Matthew Peyton: 59lo; Max Mumby/Indigo: 59ro; Michael Betts: 138u; Mikael Vaisanen: 96; Phillipp Schmidli: 26u; Radius images: 118u; RDA/RETIRED: 27ro; Richard T. Nowitz: 122l; Robert Daly: 94.

iStock/julos: 191; 4nadia: 207u; Asia Images: 175ru; CagriOner: 131u; CTRPhotos: 115u; ferrantraite: 165; filipefrazao: 66u; fotostorm: 135; Imgorthand: 82o; isabeltp: 66o; LdF: 35ro; lujing: 79o; monkeybusinessimages: 143r; MorelSO: 67; NicoElNino: 190-191; ozenli: 175l; Spotmatik: 78o; Steve Debenport: 86o; Vesna Andjic: 191; skodonnell: 162u.

NASA: 34o, 38, 42o, 69; 195r; 206.

REX/GEORGE KONIG: 23lo.

Shutterstock/ Africa Studio: 111o; Aisyaqilumaranas: 79; bigjom jom: 210u, 210ru, 211r, 211l, 214l, 215l, 215r, 218; Binh Thanh Bui: 171ru; catwalker: 15lo; chombosan: 151u; Christos Georghiou: 207o; CP DC Press: 43ro; Dabarti CGI: 51lu; Dean Brobot: 166; Dmitry Pichugin: 167o; Doug Lemke: 61; edella: 39; Ermolaev Alexander: 195o; ESB Professional: 171o; Everett Historical: 15ro; FamVeld: 130o; Featureflash Photo Agency: 76; Filip Fuxa: 51ru; happy photo; hartphotography: 187u; Jacob Lund: 73; Krista Kennell: 62u; LStockStudio: 187o; Luis Louro: 97; Maknach_S: 151o; mark reinstein: 31lo; Mary Frost: 22o; Marzolino: 92; Masson: 160; Maxx-Studio: 167u; Monkey Business Images: 163u, 170; Morphart Creation: 117; nullplus: 163o; Oksana Kuzmina: 102o; Oleksiy Rezin: 82u; paulart: 150u; Pavle Bugarski: 24; Peteri: 47lo; Prostock-studio: 55lo; Randy Miramontez: 30u; Rawpixel.com: 143l; Repina Valeriya: 62-3, 65; Romariolen: 83u; Ruslan Guzov: 171lu; saraporn: 95o; Silver Spiral Arts: 46; Sova Vitalij: 44; Syda Productions: 130u, 134; TuiPhotoEngineer: 27lo; Vgstockstudio: 86u; Viorel Sima: 110o; volkovslava: 142u, 214r; wavebreakmedia: 103u, 105; KucherAV: 174.

Wikimedia Commons: 39, 50; /Imperial War Museums: 194l; James Willis Sayre: 23ro; Kyle Hoobin: 62o; Library of Congress: 195l; Metropolitan Museum: 49; Project Gutenberg: 30T, 31ro.